Crois en Toi
et pardonne
Ton passé!

L'Anxiété :
un message à déchiffrer
De la naissance à l'adolescence

Catalogage avant publication de Bibliothèque et Archives nationales du Québec et Bibliothèque et Archives Canada

Bertrand, Édith, 1950-

L'anxiété : un message à déchiffrer : de la naissance à l'adolescence

Comprend des réf. bibliogr.

ISBN 978-2-89225-733-5

1. Angoisse chez l'adolescent. 2. Angoisse chez l'enfant. 3. Confiance en soi chez l'adolescent. I. Brousseau, Marilou, 1955- . II. Titre.

BF724.3.A57B47 2011 155.5'1246 C2011-940448-6

Adresse municipale :
Les éditions Un monde différent
3905, rue Isabelle, bureau 101
Brossard (Québec) Canada
J4Y 2R2
Tél. : 450 656-2660 ou 1 800 443-2582
Téléc. : 450 659-9328
Site Internet : www.umd.ca
Courriel : info@umd.ca

Adresse postale :
Les éditions Un monde différent
C.P. 51546
Succ. Galeries Taschereau
Greenfield Park (Québec)
J4V 3N8

Dépôts légaux : 1er trimestre 2011
Bibliothèque nationale du Québec
Bibliothèque nationale du Canada
Bibliothèque nationale de France

Conception graphique de la couverture :
OLIVIER LASSER et AMÉLIE BARRETTE

Photocomposition et mise en pages :
ANDRÉA JOSEPH-[pagexpress@videotron.ca]

Typographie : ITC Legacy Serif, corps 13 sur 16 pts (CS5)

ISBN 978-2-89225-733-5

Nous reconnaissons l'aide financière du gouvernement du Canada par l'entremise du Fonds du livre du Canada (FLC) pour nos activités d'édition.

Gouvernement du Québec – Programme de crédit d'impôt pour l'édition de livres – Gestion SODEC.

Gouvernement du Québec – Programme d'aide à l'édition de la SODEC.

IMPRIMÉ AU CANADA

ÉDITH BERTRAND
ET MARILOU BROUSSEAU

L'Anxiété : un message à déchiffrer

De la naissance à l'adolescence

UN MONDE DIFFÉRENT

Chez le même éditeur

Marilou Brousseau, *À la recherche de soi et de l'autre*, Brossard, 2006, 160 p.

À tous les parents et intervenants
auprès des adolescents

Table des matières

Introduction

Nous avons écrit ce livre pour toutes les personnes qui accompagnent un ou des adolescents dans leur passage de l'enfance à la vie adulte. Certes nous désirons, par le biais de cet ouvrage, apporter un éclairage particulier sur certaines causes et caractéristiques de l'anxiété chez les jeunes, démystifier quelques tabous et fournir des éléments de solution, mais plus encore, nous souhaitons mettre en relief leurs besoins qui, derrière le voile de l'anxiété, cherchent à être reconnus et entendus. Prêtons-nous une oreille attentive, libre de tout jugement défavorable aux appels des adolescents anxieux ? Vérifions-nous la justesse de notre compréhension auprès des jeunes quant à leurs dires et leurs actions ?

Dans *L'Anxiété : un message à déchiffrer*, nous poserons des questions auxquelles nous tenterons de répondre par le biais de nos connaissances et du savoir de spécialistes en la matière. Par exemple : quelles sont les conséquences, pour un adolescent

– son développement personnel, identitaire, affectif, social et spirituel –, d'une vie dans une société de plus en plus virtuelle, où l'on carbure à la performance, à la compétition, au contrôle et à l'individualisme ? Quels sont les repères d'un jeune dans une collectivité où les paramètres familiaux, éducatifs, socioculturels et autres évoluent constamment ? Comment un adolescent peut-il comprendre son anxiété et l'apaiser, alors qu'elle constitue un problème pour certains de ses pairs, et même de membres de son entourage adulte ? Qu'en est-il de leur réalité : celle qu'ils vivent, celle qu'ils nous présentent et celle que nous voyons ou percevons ? De quelle manière pouvons-nous adapter notre attitude pour les accueillir et les rencontrer là où ils sont, et comment rendre leur univers plus confortable, engageant, et leur maisonnée plus chaleureuse ? Et, finalement, existe-t-il des réponses sociales convenables pour les malaises des jeunes ?

D'une part, le taxage, le tatouage, le décrochage scolaire et le phénomène des gangs de rues ne sont pas des problématiques simples, sans composantes anxiogènes, qui disparaîtront du jour au lendemain. Impossible ! Ces comportements méritent une attention spéciale, soutenue et respectueuse. Toutefois, l'anxiété ne touche pas seulement les jeunes profondément blessés ou révoltés par les circonstances de leur vie. Elle concerne aussi des garçons et des filles qui ne présentent pas de grands malaises existentiels, de signes conflictuels ou de tensions sous-jacentes, du moins *en apparence*. Malgré leur « réserve » partielle ou totale, ces jeunes demandent à être vus, reconnus et reçus dans leur fragilité, peu importe que leurs demandes soient claires, imprécises ou voilées.

Que vous soyez mère, père, parent, tuteur, éducateur, enseignant, intervenant, soignant ou responsable, vous trouverez dans ce livre des informations susceptibles de vous aider à reconnaître les signes d'anxiété chez un jeune et à le soutenir dans son vécu. Cet ouvrage ne privilégie pas une intervention unique à l'égard du jeune, mais pluraliste : humaniste, psychodynamique, psychanalytique, cognitive, behavioriste, transactionnelle, médicamenteuse (dans les cas graves, préoccupants), spirituelle et, bien sûr, qui tient du *gros bon sens*. Autant que possible et dans une large mesure, ces approches tiennent compte de l'environnement familial, social et culturel des jeunes. Nous accorderons également une place importante à des démarches interventionnistes plus holistiques telles que : l'apprentissage de la détente, l'analyse des rêves, l'accomplissement de rituels et le développement de la créativité sous diverses formes.

Afin d'aider à saisir l'anxiété dans ses premiers balbutiements, nous présenterons, dans un premier temps, un survol du développement de la personne, c'est-à-dire les assises tant biologiques que psychiques susceptibles d'engendrer de l'anxiété chez les adolescents. Nous analyserons ensuite les différents troubles anxieux et leurs origines, tout en établissant la frontière entre le normal, le toxique et le pathologique.

Puis, nous brosserons un tableau qui permettra de reconnaître, de différencier et de détecter les troubles anxieux chez les adolescents ainsi que leurs conséquences, complications et implications sur le plan familial, social et scolaire. Finalement, nous présenterons des « interventions » et des moyens d'alléger la souffrance des jeunes, incluant une liste des ressources dans le milieu. En aucun temps, nous ne promettons de remède miracle ou de solution magique. Notre seul but est de fournir une information de base permettant de faire face à la souffrance des adolescents anxieux, de mieux la comprendre et de l'atténuer.

Malgré les informations fournies dans cet ouvrage, il demeure essentiel de consulter des professionnels de la santé et des ressources psychologiques afin d'amener tout *jeune en difficulté* à une meilleure compréhension et à une maîtrise ou atténuation de son anxiété.

On n'évalue pas le calibre d'un parent, d'un éducateur ou d'un intervenant à sa seule capacité d'être en présence d'un jeune, mais aussi à sa propension à éveiller en lui une opinion favorable lors de son autoappréciation. L'apprentissage et la consolidation de son estime personnelle demeurent des défis importants à relever et s'imbriquent dans chaque bouffée de sa croissance. Cette force intérieure n'est-elle pas le plus bel héritage que nous puissions lui offrir ?

Nous espérons que cette lecture apportera des outils à votre âme de parent ou d'accompagnateur et qu'elle vous sensibilisera davantage aux maux que vivent bien des adolescents. Peut-être n'attendent-ils que cette fameuse ouverture, cette main tendue, pour avancer vers vous et partager leur mal-être. Serez-vous présent, entier, à ce moment-là ?

ÉDITH BERTRAND ET MARILOU BROUSSEAU

♪ Depuis longtemps, mon tout petit enfant,
tu viens vers nous, issu du fond des âges.
Depuis longtemps, mon tout petit enfant,
notre cœur t'appelle; est-ce que tu nous entends?
Et puis un jour, miracle d'amour... ♪

1

Qu'est-ce que l'anxiété ?

« Ça se vit, l'anxiété. Ça vous rentre de partout, ça vous pénètre, et plus on se démène, plus ça fait mal. »

JEAN-FRANÇOIS SOMCYNSKY

Qui n'a pas éprouvé, un jour ou l'autre, une anxiété sourde, confuse, paralysante, douloureuse ou situationnelle ? Qu'il s'agisse d'enfants, d'adolescents ou d'adultes, l'anxiété a un jour montré son visage en nous présentant une partie de nous-même plus fragile, plus désarmée.

Mais qu'est-ce que l'anxiété ?

D'après *Le Petit Robert*, l'anxiété serait « un état de trouble psychique causé par le sentiment de l'imminence d'un événement fâcheux ou dangereux, s'accompagnant souvent de phénomènes physiques ». Nous ajouterons qu'en soi, l'anxiété peut représenter un mécanisme de survie découlant d'une anticipation pessimiste, suscitant de l'inquiétude et de la nervosité quant à l'issue d'un événement ou d'une situation. L'anxiété amène le désir, souvent flou, de changer une situation anxiogène. Au même titre, il existe des anticipations optimistes qui entraînent leur lot d'anxiété, mais qui est moins ravageuse et plus positive à certains égards.

L'anxiété « normale » diffère de l'anxiété pathologique. On l'associe souvent à des étapes de développement : puberté, retour d'âge (ménopause, crise de la quarantaine), troisième âge ; ainsi qu'à des situations bien spécifiques : changements, adaptation, nouvelle situation, etc. ; ou à des peurs parfois vagues, sans véritable relief. Le sentiment de ne pas être en contrôle de son présent et surtout de son avenir proche ou lointain provoque une peur diffuse, mais envahissante, pouvant passer de l'anxiété légère à un trouble psychique de plus grande importance.

Voici le visage de l'anxiété selon le DSM-IV, *Manuel diagnostique et statistique des troubles mentaux* :

A. Anxiété et soucis excessifs (attente avec appréhension), qui durent le plus souvent au moins six mois et se rattachent à un certain nombre d'événements ou d'activités (tels que le travail ou les performances scolaires).

B. La personne éprouve de la difficulté à contrôler cette préoccupation.

C. L'anxiété et les soucis sont associés à trois (ou plus) des six symptômes suivants (dont au moins certains ont été présents la plupart du temps durant les six derniers mois). Note : Un seul élément est requis chez l'enfant.

1. agitation ou sensation d'être survolté ou à bout ;
2. fatigabilité ;
3. difficulté de concentration ou de mémoire ;
4. irritabilité ;
5. tension musculaire ;
6. perturbation du sommeil (difficultés d'endormissement, sommeil interrompu ou sommeil agité et non satisfaisant).

D. L'objet de l'anxiété et des soucis n'est pas limité aux manifestations d'un trouble de l'axe 1 ; p. ex., l'anxiété ou la préoccupation n'est pas une attaque de panique (comme dans le trouble panique), la gêne en public (comme dans la phobie sociale), la crainte d'être contaminé (comme dans le trouble obsessionnel compulsif), d'être loin de son domicile ou de ses proches (comme dans l'anxiété de séparation), de prendre du poids (comme dans l'anorexie mentale), d'avoir de multiples plaintes somatiques (comme dans la somatisation) ou d'avoir une maladie grave (comme dans l'hypocondrie) ; de plus, l'anxiété et les préoccupations ne surviennent pas exclusivement au cours d'un état de stress post-traumatique.

E. L'anxiété, les soucis ou les symptômes physiques entraînent une souffrance cliniquement significative ou une altération du fonctionnement social, professionnel ou dans d'autres domaines importants.

F. La perturbation n'est pas due aux effets physiologiques directs d'une substance (p. ex., une substance donnant lieu à de l'abus, un médicament) ou d'une affection médicale générale (p. ex., hyperthyroïdie) et ne survient pas exclusivement au cours d'un trouble de l'humeur, d'un trouble psychotique ou d'un trouble envahissant du développement[1].

---

1. American Psychiatric Association, DSM-IV, *Manuel diagnostique et statistique des troubles mentaux*. Traduction française de *Diagnostic and statistical manual of mental disorders* (Washington), Paris, Masson, 1996, 156 p.

Les différentes raisons qui invitent à l'anxiété sont effectivement nombreuses. En voici quelques-unes qui devraient retenir notre attention :

1. la peur de mourir ;
2. la peur d'une perte de contrôle ;
3. des sensations différentes observées dans le corps ;
4. des émotions nouvelles, jamais ressenties auparavant ;
5. l'avenir ;
6. l'image corporelle ;
7. un événement à venir ;
8. des rencontres sociales, etc.

Quand nous sommes en présence d'un jeune anxieux, il faut toujours se rappeler qu'il vit une période de changement et d'adaptation. Cette crise, parfois surnommée « la bête noire » par les psychologues de l'enfance, est en fait un processus normal de changement et de maturation physique et psychologique.

L'anxiété « pathologique », pour sa part, influence davantage le fonctionnement d'une personne. La souffrance qui y est associée interfère autant dans les rapports avec les autres que dans le désir et l'acte sexuel. Cette anxiété est dite pathologique, car elle conduit à l'altération du fonctionnement de la personne qui en est atteinte, l'empêchant de vivre une existence heureuse, exempte d'incapacité et de sentiment d'impuissance dans certaines sphères, sinon toutes les sphères, de sa vie.

Bien sûr, des différences d'interprétation existent selon les communautés savantes : « Certains scientifiques pensent que l'anxiété représente un réflexe conditionné tandis que, selon une théorie psychanalytique, l'anxiété est la manifestation d'un conflit inconscient, d'une maladie, d'une crainte ou d'un événement psychologique troublant qui s'est produit durant l'enfance. Chez certaines personnes, la façon dont elles ont appris à faire face aux événements de la vie peut entraîner une prédisposition à l'anxiété[2]. »

La phobie entre davantage dans la catégorie de l'imaginaire (phobies légères ou invalidantes, phobies sociales, agoraphobie). Elle est une peur irréelle et devient symptomatique quand elle dérange le fonctionnement normal d'une personne. Une femme qui s'imagine sans cesse coincée dans un ascenseur en panne fera tout pour éviter son utilisation. Cette phobie des espaces

2. Fondation des maladies mentales, http://www.fondationdesmaladiesmentales.org/fr/p/aider-une-personne/les-maladies-mentales/anxiete-generalisee?gclid=CPCn8-Tii5cCFSEhDQodz3YC-w

clos limitera ses actions et la conduira à expérimenter une vie diminuée par rapport à son potentiel réel.

Par ailleurs, plusieurs personnes ont tendance à confondre stress et anxiété. Le stress n'est pas de l'anxiété, mais il peut en générer. Qui n'a pas lu le fameux livre du Dr Hans Selye : *Stress sans détresse* ? Pour ce médecin, il existe plusieurs formes de stress : pollution par le bruit, confrontation, victoire, privation, monotonie, joie, etc. Le stress est conduit par des agents internes (douleur, maladie, etc.) ou externes (divorce, difficultés financières, etc.). Le docteur Selye conçoit « le stress physiologique comme une réaction à toute espèce de demande faite au corps. Quel que soit le problème, on ne peut y faire face que grâce à l'une des deux formes fondamentales de réaction : activement par la lutte ou passivement par la fuite[3] ».

Évidemment, tout stress n'est pas à éviter. Les bons stress existent et sont même vitaux. Pour le Dr Hans Selye, « l'absence complète de stress est la mort[4] ». Notre organisme doit réagir au froid ou à des événements, s'adapter aux changements, etc.

---

3. Dr Hans Selye, *Stress sans détresse,* Montréal, Éditions La Presse, 1974, p. 18.
4. *Ibid.*,p. 35.

« Les deux “visages” les plus familiers de l'anxiété sont ceux de la *peur* et de *l'angoisse.* La peur provient d'un objet, d'une situation spécifique, comme les chiens et les foules. L'angoisse est plus diffuse. Elle anticipe des événements catastrophiques davantage qu'elle ne reflète un danger particulier. Dans la pratique, cependant, ces deux réalités sont étroitement liées et souvent difficiles à différencier[5]. »

Il est tout de même important de distinguer l'anxiété du sentiment de la peur. « La peur est liée à une situation clairement définie, dans laquelle un danger est perçu. [...] La peur se définit comme la réponse à la perception d'un danger, elle est donc nécessaire et adaptée[6]. » Par exemple, si un individu braque un revolver devant vous, ce n'est ni l'angoisse ni l'anxiété qui surgit, mais bien la peur. Celle-ci découle d'une menace réelle, immédiate. Par contre, un étudiant qui se fait du souci des semaines à l'avance pour un examen d'entrée à l'université ou pour une entrevue d'emploi souffre assurément d'anxiété.

---

5. Jean Dumas, *L'Enfant anxieux : Comprendre la peur de la peur et redonner courage,* préface de Boris Cyrulnik, Bruxelles, De Boeck, coll. Comprendre, 2005, p. 15.
6. André Marchand et Andrée Letarte, *La Peur d'avoir peur : Guide de traitement du trouble panique avec agoraphobie*, Montréal, 3e édition revue et corrigée, Les Éditions internationales Alain Stanké, 2004, p. 19.

Nous disions donc que plusieurs personnes tendent à confondre l'anxiété et le stress. Il est tout aussi difficile, parfois, de faire la distinction entre l'anxiété et l'angoisse. Selon le *Grand Dictionnaire de la psychologie* de Larousse: «l'anxiété et l'angoisse ont une origine linguistique commune: *angh* de racine indo-européenne qui signifie serrer, comprimer. En latin, *angustus* et *anxius* veulent dire serrement, striction, contraction que l'italien a transformée en *ansia*, impatience. L'anxiété se traduit par la perception d'un danger imminent, réel ou indéterminé, une attitude d'attente devant ce danger, un sentiment de désorganisation lié à la conscience d'une impuissance totale face à ce danger [...] L'angoisse se différencie de l'anxiété par l'intensité de l'inquiétude, elle est causée par une peur intense, subite et inexpliquée provenant d'un sentiment de menace imminente et qui s'accompagne de symptômes neurovégétatifs caractéristiques (spasmes, dyspnée, tachycardie, sudation, etc.)[7] ».

Une personne peut également confondre les troubles anxieux et ceux d'adaptation, car l'un et l'autre sont parfois étroitement imbriqués. Les troubles d'adaptation induisent des symptômes réactionnels alors que les troubles anxieux sont liés à une organisation interne troublée. Voici

---

7. <http://www.alaphobie.com/symptomes.php>

d'ailleurs le diagnostic du trouble de l'adaptation selon le DSM-IV :

A. Développement de symptômes dans les registres émotionnels et comportementaux, en réaction à un ou plusieurs facteurs de stress identifiables, au cours des trois mois suivant leur apparition :

   1) une souffrance marquée, pire que la réaction anticipée à ce facteur de stress ; ou

   2) une altération significative du fonctionnement social ou professionnel (ou scolaire)[8].

Bref, on parle de trouble de l'adaptation lorsque la perturbation liée au stress ne répond pas aux critères d'un autre trouble : dépression, état de stress aigu, anxiété généralisée, etc. Le DSM-IV précise qu'il ne « s'agit pas simplement de l'exacerbation d'un trouble préexistant (ex. trouble de la personnalité). Les symptômes ne sont pas l'expression d'un deuil[9] ».

Toujours selon le DSM-IV, la durée d'un trouble de l'adaptation ne dépasserait pas six

8. American Psychiatric Association, DSM-IV, *Manuel diagnostique et statistique des troubles mentaux*. Traduction française de *Diagnostic and statistical manual of mental disorders* (Washington), Paris, Masson, 1996.

9. *Ibid.*

mois car, en principe, le facteur de stress (ou ses conséquences) ne serait plus présent. « Toutefois, les symptômes peuvent persister pendant une plus longue période s'ils surviennent en réaction à un facteur de stress prolongé ou dont les conséquences sont durables (par exemple, les difficultés financières et affectives dues à un divorce). »

Le DSM-IV décrit six sous-types de trouble de l'adaptation :

- avec humeur dépressive ;
- avec anxiété ;
- avec anxiété et humeur dépressive ;
- avec perturbation des conduites ;
- avec perturbation des émotions (dépression, anxiété) et des attitudes ;
- non spécifié.

« Les symptômes du registre émotionnel peuvent être :

- reliés à une humeur dépressive : des pleurs, des sentiments de désespoir, etc.
- reliés à l'anxiété : nervosité, inquiétude, agitation (chez l'enfant, la peur de se séparer des personnes auxquelles il est le plus attaché).

« Les symptômes comportementaux peuvent comporter : une violation des droits d'autrui ou des normes et des règles essentielles de la vie sociale compte tenu de l'âge du sujet (par exemple, l'école buissonnière, le vandalisme, une conduite automobile imprudente, des bagarres, un manquement à ses responsabilités légales)[10]. »

Évidemment, on s'en doute, l'anxiété a plusieurs sources (stress, environnement familial, chômage, rupture amoureuse...) et elle est tributaire de nombreux facteurs (notre enfance, notre regard sur les événements, notre réaction, notre compréhension...). Dans le prochain chapitre, pour saisir davantage l'état d'anxiété, nous retournerons au début – à la genèse de la vie – afin de suivre le développement de l'enfant vers l'adolescence.

L'ANXIÉTÉ

L'anxiété constitue actuellement le principal problème en matière de santé mentale. Des études épidémiologiques démontrent qu'un tiers de la population en serait affecté. Cependant, un très grand nombre de ces personnes ne sont pas traitées. Cette situation s'explique par le fait que l'anxiété est un phénomène subjectif, complexe et difficile à définir. Il convient donc de bien distinguer l'anxiété normale de l'anxiété

---

10. *Ibid.*

dite pathologique ou encore de nuancer l'anxiété, la peur, la phobie et le stress.

Les cycles successifs de la vie occasionnent de l'anxiété à des degrés divers. L'adolescence, la ménopause et le troisième âge sont des périodes de vie particulièrement propices à l'anxiété, puisqu'elles exigent une adaptation aux changements profonds qui s'effectuent dans l'organisme. L'anxiété bénigne est utile, car elle contribue à l'adaptation et incite l'individu à trouver des solutions ; elle est source d'action et de changements.

Certains scientifiques pensent que l'anxiété est un réflexe conditionné. Selon une théorie psychanalytique, l'anxiété est la manifestation d'un conflit inconscient, d'une maladie, d'une crainte ou d'un événement psychologique troublant qui s'est produit durant l'enfance. Chez certaines personnes, la façon dont elles ont appris à faire face aux événements de la vie peut entraîner une prédisposition à l'anxiété.

Lorsque l'anxiété devient extrême, donc pathologique, elle altère, voire paralyse, le fonctionnement de la personne, dans la plupart des sphères de son existence. Une personne souffrant d'anxiété majeure vit des difficultés considérables tant au travail que dans sa vie familiale, sexuelle ou sociale.

La peur et les phobies

La peur, quant à elle, est une émotion similaire à l'anxiété, mais elle se manifeste normalement en réponse à un danger ou une menace réels. Ainsi, il est normal d'avoir peur en forêt lorsqu'on se trouve face à un ours. Mais si l'on s'inquiète des mois à l'avance à cause d'un examen médical de routine, on est anxieux.

Dans le cas où une peur devient extrême devant une situation imaginée comme dangereuse, et tend à engendrer l'évitement de cette situation, on parle de phobie. Dans la phobie, le danger n'est pas réel. Il existe plusieurs sortes de phobies : phobie des animaux, des lieux clos, de la noirceur, des hauteurs, etc.

Le stress et l'anxiété généralisée

Le stress est un mot à la mode et on l'accuse de bien des maux. On parle de stress lorsqu'on peut identifier un ou plusieurs agents qui le provoquent ; ces derniers sont appelés agents de stress. Par exemple, d'importantes difficultés financières, un divorce, un congédiement sont certainement des agents de stress pouvant générer un certain niveau d'anxiété.

http://www.fondationdesmaladiesmentales.org

2

Les premiers balbutiements de l'être

« La beauté : un être qui s'incarne.
Un être qui se glisse dans la chair.
Un être qui enveloppe la chair.
Un être qui dévoile.
Qui vêt de liberté, de grâce. »

JACQUES RENAUD

La genèse représente l'aube de la vie, la source originelle, le point de départ. Et tout comme la nature, l'être humain est le fruit d'une multitude de facteurs, de coïncidences et de circonstances prévisibles et imprévisibles qui le marqueront et qui détermineront son chemin de vie. Bien sûr, le fil de notre histoire débute au moment de la fécondation et se termine à notre dernier souffle. Or, entre cette arrivée et ce départ, une multitude d'événements se déroulent, forgeant peu à peu notre identité et notre devenir.

L'être humain a des prémices. Il existe bien avant sa naissance, dans cet espace secret, ce cocon mystérieux, cet utérus maternel où la vie ose émettre timidement ses premiers balbutiements. Les parents, évidemment, sont à l'origine de la vie humaine. Un couple se forme, pour le meilleur et pour le pire, pour une nuit ou pour une vie. Pour certains, les liens deviendront, avec le temps et les épreuves, un filet trop serré qui les enserrera jusqu'à la déchirure. C'est le divorce, la rupture qui conclut un lien marital, civil ou de fait. Pour d'autres, le fil d'amour, généré à même ou malgré les intempéries, se renforcera pour tisser l'étoffe solide de la durabilité.

Peu importe la durée de l'engagement du couple (court, long ou moyen terme), souvent un tiers, que certains nommeront leur *prolongement* (terme à éviter), viendra brosser le tableau d'un nouveau noyau familial. Durant les trois périodes importantes de la grossesse - germinative, embryonnaire et fœtale -, la plupart du temps, la femme pressent, sait et ressent la vie nouvelle qui se développe en elle. Dès lors, sa réalité change ; à la dimension femme s'ajoute celle de « mère ». Elle n'est plus une, mais deux, en symbiose totale avec la force créatrice qui l'habite tout entière. Ce *deux* ne fait qu'*un*. Il s'agit d'une unité, d'une intimité, d'une proximité qu'elle ne retrouvera jamais ailleurs, même si elle peut s'en approcher dans une relation intime.

Chaque femme vit différemment l'annonce du diagnostic de grossesse et son déroulement. Plusieurs, malgré leur désir indéniable d'avoir un enfant, vivent une gestation difficile. Pour d'autres, cette période est parsemée de hauts et de bas, tandis que certaines la vivent sans anicroche. Toutefois, il arrive que des femmes, ne désirant pas d'enfant au départ, accueillent chaleureusement le nouveau-né à sa naissance, tandis que l'arrivée d'un bébé pourtant si désiré cause un choc à certaines mères, devient une épreuve difficile à traverser, générant même parfois le refus du poupon. Celles-ci ont besoin de ressources, de soutien et d'une présence réconfortante à leurs côtés, afin d'offrir au nouveau-né le maximum de chances en vue d'un développement sain et harmonieux.

Ces disparités d'expériences sont « normales », dans la mesure où elles répondent aux caractéristiques précises de chaque femme : histoire, environnement, conditions économique, physique et psychique, contextes religieux et culturel.

La naissance est un processus de la nature qui se rejoue chaque seconde depuis que le monde est monde. Un bébé n'arrive pas sur la terre avec un simple bagage génétique. Il amène sa différence et son unicité, ce qui le démarquera de tout un chacun durant sa vie.

Afin de créer des conditions de départ favorables à l'épanouissement du nouveau-né, on doit envisager des moyens et des solutions facilitant l'adaptation adéquate de la mère. De nos jours, les départements de périnatalité sont de plus en plus organisés autour de la naissance et des soins psychologiques, physiques ou médicaux à apporter à la mère. Reste à savoir également comment s'articule l'aide au père ou au substitut paternel. Sa présence à l'accouchement peut s'avérer d'une grande importance pour établir le premier lien avec le bébé. Mais elle s'accompagne souvent d'une foule d'émotions dont il porte seul l'intensité durant l'action qui se déroule autour de lui. Le nouveau père a le mandat, établi ou non (dit ou non dit), de rassurer, d'encourager et de soutenir son épouse. A-t-il eu la chance auparavant d'exprimer ses peurs relatives à l'accouchement ? De parler de ses malaises possibles devant la souffrance de son épouse et la scène de mise au monde ? De réfléchir sur son rôle de père en devenir ? N'a-t-il pas besoin, lui aussi, d'être rassuré, de montrer sa vulnérabilité, de... pleurer ?

Dès les premières minutes suivant sa naissance, et après la coupure du cordon ombilical – sauf s'il y a des procédures différentes ou des complications postnatales –, le nouveau-né est déposé sur la mère, le père ou la personne substitut (selon le cas). Ce contact permet au nourrisson d'expérimenter un doux passage de la réalité intra-utérine à extra-utérine. Il entend battre le cœur de la personne (cette même pulsation qui l'a accompagné durant toute sa gestation) ainsi que les voix et les bruits ambiants. À peine respire-t-il en ce monde que le nouveau-né cherche à s'alimenter. Qu'il s'agisse d'allaitement maternel ou artificiel, avec un biberon, ce contact entre la mère et le bébé solidifie les premières assises du lien qui s'établira ensuite entre eux. Ces assises sont importantes, car elles lui permettront, en partie, de mieux affronter les situations anxiogènes qui surviendront sur sa route.

Évidemment, certaines mères vivent des complications : naissance prématurée, retard de croissance prénatale, césarienne, etc. L'établissement d'une bonne communication entre les parents et le bébé sera tributaire de l'évolution de leur santé, et favorisera le personnel soignant.

Au-delà de l'oxygène et du lait : l'amour

Dans cet environnement différent, les yeux du bébé s'ouvrent peu à peu à la vie, son corps s'étire, sa peau s'adapte, ses narines inspirent goulûment cet air devenu essentiel à sa survie. Sans oxygène, point de vie. Mais la vie psychique ne saurait se nourrir que d'oxygène et de lait. Elle doit puiser sa force dans un fluide plus subtil, qui fait éclore le sentiment d'unicité, d'appartenance et de filiation : l'amour. Les premiers instants de l'enfant sont donc primordiaux pour sa croissance.

Selon des spécialistes (psychiatres, psychologues, pédiatres et chercheurs), un accueil inapproprié dès les premiers moments de vie entraîne le risque d'un développement compromis chez le poupon. Bien sûr, le mot *compromis* peut paraître exagéré. En effet, ces quelques instants ne suffisent pas à induire une courbe de croissance psychologique perturbée ou à exposer le poupon à un dommage ou à une détérioration irrévocable sauf si, comme le diraient des politiciens et des journalistes, « la tendance se maintient ». Un accueil mitigé, au point de départ, et une discontinuité affective constante à chaque période cruciale de l'enfance, augmentent de manière exponentielle les possibilités que l'enfant présente certains troubles de comportement, d'adaptation et d'anxiété.

Un bébé, à la naissance, demande une attention bienveillante, il a besoin de respect et de soins. Mais là ne s'arrête pas sa nécessité de considérations et de tendresse. La première rencontre, les premiers regards, les premiers contacts physiques, les premiers gestes et les premiers mots (même s'il ne les comprend pas) établissent le lien affectif entre le poupon et la personne qui en prend soin. Ce lien ébauche les fondements du sentiment de sécurité de l'enfant. Outre les grandes émotions vécues au moment de la naissance - le bouleversement qui se lit autant dans les yeux de la mère que dans ceux du père (s'il est présent) et les bouffées d'affection qui les inondent -, les gestes d'accueil sont les premiers tressaillements d'amour que reçoit le bébé. Ils représentent le vêtement de tendresse dans lequel il se lovera et récupérera de son long voyage vers eux. Évidemment, il ne faut surtout pas se culpabiliser si l'élan maternel ou paternel est absent ou mitigé. Accepter cet état de fait est déjà un grand pas vers les prochains gestes à poser.

Le pédiatre et psychanalyste anglais John Bowlby, dans sa série de trois ouvrages, *Attachement et perte*, affirme que le processus d'attachement du nouveau-né à une figure maternelle (biologique ou non) est primordial. Pour lui, les besoins fondamentaux physiques négligés et les carences affectives du premier âge sont irréversibles, alors que l'attachement à la mère érige les fondements mêmes du sentiment de confiance en soi et de sécurité. Sur ses assises solides, le petit être en croissance sera plus apte à faire face aux différentes épreuves et séparations qui jalonneront son parcours de vie. (Nous reviendrons plus en détail sur la notion d'attachement et le sentiment d'appartenance au prochain chapitre).

De plain-pied avec la vie

Et voilà ! Le poupon s'éveille à sa nouvelle réalité. Il babille, boit, pleure et dort... Commence une vie différente dans sa nouvelle demeure. Mais pour ceux et celles qui s'en occupent, comment cette période importante de transition se vit-elle ?

Lorsque vient le moment d'assumer leur rôle, des inquiétudes émergent chez la plupart des parents, qu'ils transmettent nécessairement au poupon. Chacun d'eux peut se poser ce genre de question : que dois-je faire précisément ? Quels gestes dois-je effectuer ? Serai-je à la hauteur ? Lui donnerai-je tout le bagage affectif et intellectuel nécessaire pour bien fonctionner dans la vie ? Saurai-je l'élever à ses plus grandes aspirations ? Parviendrai-je à lui enseigner les bonnes valeurs ou lui donnerai-je, inconsciemment, un bagage « transgénérationnel » qui nuira à sa croissance et à son parcours vers l'autonomie ?

Les questions fusent et demeurent bien souvent sans réponse, ce qui laisse l'adulte dans une sourde inquiétude quant à sa capacité d'être un bon parent. Cette peur de ne pas être « parfait » et de provoquer des interactions néfastes durant les différentes étapes du développement de l'enfant se retrouve au cœur de bien des préoccupations parentales. Des périodes de craintes et de doutes ponctuent l'entreprise merveilleuse d'accompagner un enfant. Tout à coup, s'érige devant le père, la mère ou le tuteur un contrat aux règles difficiles à déchiffrer. Les gestes à poser, que l'on croit naturels, deviennent une sorte d'improvisation, sans qu'on sache trop s'ils sont adéquats ou non, à court et à long terme. Les parents savent seulement que devant eux s'agite un poupon en quête de soins, dont le guide d'instructions n'était pas attaché autour du poignet à la naissance.

Évidemment, il ne faut jamais douter de l'instinct maternel ou parental qui guide une personne de l'intérieur. La majorité sait intuitivement quoi faire ; les millénaires de vie qui nous précèdent constituent nos assises innées et instinctives qui assurent la survie de la race.

Après de longs mois de préparation, une nouvelle vie de famille s'amorce dans un contexte traditionnel – ou une structure familiale différente –, générant sa dose de concessions et de partages. Les rappels à la réalité sont parfois lourds à embrasser : le réaménagement de la maison, le budget (surtout pour les personnes moins nanties), le bébé qui pleure la nuit, les coliques, le lien d'attachement parfois difficile à établir avec ses frères ou sœurs, et même avec le ou les parents, la fatigue accumulée, la nouvelle responsabilité parentale, sans compter les exigences du monde extérieur (le travail, la maison, les amis et amies), etc.

Pour certains parents, la venue du nouveau-né semble d'ores et déjà un exploit à vivre, non plus une merveilleuse aventure à laquelle ils pourraient se donner corps et âme, avec amour. Dans cette effervescence d'incertitude, de changements et d'adaptation, parviendront-ils à renforcer le fameux lien d'attachement si indispensable au devenir du bébé ?

Ce genre de questionnement est également important pour les parents qui sont passés par le processus d'adoption ainsi que les familles d'accueil et qui voient arriver, dans leur demeure, un petit être avec des besoins identiques et particuliers. Le consentement à prendre le nouvel arrivant en charge avec amour et bienveillance est des plus importants. Pour de nombreuses raisons (personnelles, économiques, sociales, politiques...), on a remis le bébé à l'assistance publique et, déjà, ses premiers mouvements de vie sont (pourraient être) perturbés. Heureusement, une présence forte, chaleureuse et adéquate saura contrebalancer les assises moins solides, permettant de redonner sûreté et vie aux premiers balbutiements, ainsi qu'une direction différente de celle appréhendée.

Selon le Dr Donald W. Winnicott: « entre les bébés, des différences énormes existent et ni l'évolution première, ni le développement ultérieur, ne peuvent nous indiquer si l'enfant deviendra un jour premier ministre[1] ». Le plus important est de permettre au poupon d'acquérir, dès le départ, la dose de confiance qui l'invitera à s'ouvrir au monde avec certitude et détermination. Il reste à savoir comment il réagira - avec ses propres composantes internes et son caractère spécifique - à ces attentions et à son environnement durant son développement.

Attitude et attachement vont de pair

S'adapter au tempérament du bébé est d'une importance certaine, car il possède sa personnalité propre. « Les enfants, comme chacun le sait, sont extrêmement sensibles aux attitudes de leurs

1. Donald W. Winnicott, *L'Enfant et sa famille*, traduit de l'anglais par Annette Stronck-Robert, Paris, Payot, coll. Petite Bibliothèque Payot, 2002, p. 13.

parents. Ils sont d'une grande perspicacité quand il s'agit d'évaluer les véritables sentiments de leurs parents, car les parents émettent des messages non verbaux perçus consciemment ou non par leurs enfants[2]. »

La conduite essentielle à adopter envers le poupon est sans aucun doute la réceptivité. Toutefois, le comportement et le caractère du bébé, aussi petits soient-ils, peuvent déterminer la réponse de la personne qui s'en occupe et contribuer à l'harmonie ou à la disharmonie de leur relation. Les attitudes et les comportements ne sont pas à sens unique. Ils contribuent à l'échange entre le parent et le bébé. Leurs réponses respectives existent en corrélation étroite avec les émotions du moment et leurs perceptions de la transaction qui les lie.

Évidemment, l'adulte ne doit pas se *réparer* auprès du bébé, c'est-à-dire tenter de guérir ou de combler ses propres besoins affectifs en étouffant et brimant l'espace vital du poupon. Ce dernier reçoit alors des messages contradictoires, qui peuvent entraver son développement. Démasquer et reconnaître cet acte inconscient requiert

---

2. Dr Thomas Gordon, *Parents efficaces: Une autre écoute de l'enfant*, Paris, Marabout, traduction de *Parent effectiveness training: The proven program for raising responsible children* par Jean Roy et Jacques Lalanne, Paris, Marabout, coll. Savoir pratique, 1981, p. 42.

une certaine vigilance, de même qu'une dose de constance. En cas de doute, l'aide d'une personne-ressource permettra une introspection qui guidera une mère et un père autant vers leur bien-être que celui de l'enfant. Ce dernier a le droit inaliénable de recevoir tous les bons soins de départ pour instaurer les bases d'une vie axée sur l'épanouissement sain de son être.

Il importe aussi, dans la mesure du possible, de créer un environnement sans stress (négatif), un climat serein et calme, autant pour les parents que pour le bébé. Dans ce milieu, les premiers mouvements de vie pourront s'amorcer dans la sécurité, favorisant une croissance normale sur le plan moteur, cognitif et psychologique.

Le parent qui se soucie des besoins primaires et de la croissance de l'enfant, à tous les niveaux, avec sensibilité, cohérence et disponibilité du cœur, de l'âme et de l'esprit, a accompli son « rôle » premier. Pour le reste, il faut s'en remettre à l'enfant ; il arrive avec des prédispositions génétiques, un bagage transgénérationnel, des failles, des faiblesses, des aptitudes et des talents. Avec douceur et fermeté, on doit le guider sur la bonne bretelle d'autoroute afin qu'il entreprenne sa vie avec le maximum de ressources intérieures et extérieures. Les chances d'un développement équilibré sont accentuées par un attachement bien effectué et un milieu environnemental favorable. Toutefois, les poupons privés d'une telle disponibilité de cœur et d'un environnement adéquat ne sont pas tous voués à la déchéance et au malheur.

Des bases différentes

Évidemment, le milieu de vie d'un enfant a évolué. La structure familiale nucléaire s'amenuise dans notre société qui se modernise. En raison des nombreuses transformations sociétales survenues au cours des dernières années, d'autres modèles se sont formés (monoparental, homoparental, famille reconstituée, famille d'accueil). Le couple a changé. Il « n'est pas une construction figée, il évolue avec le temps, et bien peu seront capables de suivre cette évolution en restant ensemble. Certains feront tout pour faire durer leur couple et sont prêts à des aménagements, à inventer d'autres façons d'être ensemble. D'autres choisiront de ne pas sauver une relation à tout prix quand “ça ne fonctionne plus”. Ils passeront à quelqu'un d'autre. Dès lors se dessinent différents modèles de couples[3] ».

Quel que soit le modèle de couple formé, le milieu dans lequel un enfant grandira servira

---

3. Marie-France Hirigoyen, *Les Nouvelles Solitudes,* Paris, Éditions La Découverte, 2007, p. 77.

d'assises à l'élaboration de son adolescence, de cette « mort à l'enfance », comme le disait si bien Françoise Dolto, pédiatre et psychanalyste française. Son environnement familial, peu importe la forme qu'il prend, se doit d'être sain, sécuritaire et exempt de critiques destructrices répétées ainsi que de condamnations non avenues et injustes qui perturberaient son développement vers l'autonomie.

Il faut créer une atmosphère détendue et chaleureuse dès le début (nous insistons), car lorsque viendra la période cruciale de recherche, d'introspection et d'exploration de son monde intérieur et de celui qui l'entoure, l'adolescent devra miser sur ses acquis physiques et psychiques. Pour actualiser son potentiel et développer ses compétences, il devra faire appel à ses propres ressources développées en cours de route, mais aussi à un soutien optimal de la part de ses parents ou de son entourage immédiat, surtout quand son bateau se mettra à tanguer vraisemblablement sur les vagues hormonales de leur vie.

Il nous revient donc de veiller à la bonne croissance du poupon, d'intervenir avec bienveillance et au bon moment dans son parcours, tout en répondant adéquatement aux urgences liées à son développement et à son apprentissage. L'enfant, quoi que certains en disent, a des droits fondamentaux et nous devons les respecter pour son plus grand bien-être et celui de l'humanité en devenir. Car l'enfant est nécessairement l'adolescent de demain...

LA DÉCLARATION DES DROITS DE L'ENFANT

Déclaration adoptée par l'Assemblée générale des Nations unies le 20 novembre 1959

PRINCIPE 1 : L'enfant doit jouir de tous les droits énoncés dans la présente Déclaration. Ces droits doivent être reconnus à tous les enfants sans exception aucune, et sans distinction ou discrimination fondée sur la race, la couleur, le sexe, la langue, la religion, les opinions politiques ou autres, l'origine nationale ou sociale, la fortune, la naissance, ou sur toute autre situation, que celle-ci s'applique à l'enfant lui-même ou à sa famille.

PRINCIPE 2 : L'enfant doit bénéficier d'une protection spéciale et se voir accorder des possibilités et des facilités par l'effet de la loi et par d'autres moyens afin d'être en mesure de se développer d'une façon saine et normale sur le plan physique, intellectuel, moral, spirituel et social, dans des conditions de liberté et de dignité. Dans l'adoption de lois à cette fin, l'intérêt supérieur de l'enfant doit être la considération déterminante.

PRINCIPE 3 : L'enfant a droit, dès sa naissance, à un

nom et à une nationalité.

PRINCIPE 4 : L'enfant doit bénéficier de la sécurité sociale. Il doit pouvoir grandir et se développer d'une façon saine ; à cette fin, une aide et une protection spéciales doivent lui être assurées ainsi qu'à sa mère, notamment des soins prénatals et postnatals adéquats. L'enfant a droit à une alimentation, à un logement, à des loisirs et à des soins médicaux appropriés.

PRINCIPE 5 : L'enfant physiquement, mentalement ou socialement désavantagé doit recevoir le traitement, l'éducation et les soins spéciaux que nécessite son état ou sa situation.

PRINCIPE 6 : L'enfant, pour l'épanouissement harmonieux de sa personnalité, a besoin d'amour et de compréhension. Il doit, autant que possible, grandir sous la sauvegarde et sous la responsabilité de ses parents et, en tout état de cause, dans une atmosphère d'affection et de sécurité morale et matérielle ; l'enfant en bas âge ne doit pas, sauf circonstances exceptionnelles, être séparé de sa mère. La société et les pouvoirs publics ont le devoir de prendre un soin particulier des enfants sans famille ou de ceux qui n'ont pas de moyens d'existence suffisants. Il est souhaitable que soient accordées aux familles nombreuses des allocations de l'État ou autres pour l'entretien des enfants.

PRINCIPE 7 : L'enfant a droit à une éducation qui doit être gratuite et obligatoire, au moins aux niveaux primaires. Il doit bénéficier d'une éducation qui contribue à sa culture générale et lui permet, dans des conditions d'égalité de chances, de développer ses facultés, son jugement personnel et son sens des responsabilités morales et sociales, et de devenir un membre utile de la société.

L'intérêt supérieur de l'enfant doit être le guide de ceux qui ont la responsabilité de son éducation et de son orientation ; cette responsabilité incombe en priorité à ses parents.

L'enfant doit avoir toutes les possibilités de se livrer à des jeux et à des activités récréatives, qui doivent être orientés vers les fins visées par l'éducation ; la société et les pouvoirs publics doivent s'efforcer de favoriser la jouissance de ce droit.

PRINCIPE 8 : L'enfant doit, en toutes circonstances, être parmi les premiers à recevoir protection et secours.

PRINCIPE 9 : L'enfant doit être protégé contre toute forme de négligence, de cruauté et d'exploitation. Il ne doit pas être soumis à la traite, sous quelque forme que ce soit. L'enfant ne doit pas être admis à l'emploi avant d'avoir atteint un âge minimum approprié ; il ne doit en aucun cas être astreint ou autorisé à prendre une occupation ou un emploi qui nuise à sa santé ou à son éducation, ou qui entrave son développement physique, mental ou moral.

PRINCIPE 10 : L'enfant doit être protégé contre les pratiques qui peuvent pousser à la discrimination raciale, à la discrimination religieuse ou à toute autre forme de discrimination. Il doit être élevé dans un esprit de compréhension, de tolérance, d'amitié entre les peuples, de paix et de fraternité universelle, et dans le sentiment qu'il lui appartient de consacrer son énergie et ses talents au service de ses semblables.

3

L'attachement et le sentiment d'appartenance

« Il y a quelque chose de plus grand, pourtant, que d'appartenir au monde, c'est de s'appartenir à soi-même. »

VICTOR HUGO

Nous avons parlé de l'attachement au deuxième chapitre, mais nous revenons sur le sujet, car il revêt une importance capitale dans le développement de l'enfance vers l'adolescence.

La première question à se poser est sans doute : « Quel est l'organe responsable de l'attachement ? Le cœur ? En fait, le cœur est une pompe qui a pour but d'apporter le sang, avec l'oxygène et les nutriments qu'il contient, aux divers organes du corps. Ce n'est pas le cœur, mais le cerveau qui est l'organe de l'attachement, car aimer exige un apprentissage et les apprentissages se font avec cet organe. Si une personne a “un grand cœur” ou si elle n'en a pas, c'est parce que les apprentissages nécessaires ont ou n'ont pas été faits. Les personnes les mieux placées pour aider l'enfant à faire ces apprentissages sont celles qui sont présentes auprès de lui dès sa naissance et qui lui prodiguent les soins nécessaires avec chaleur, constance et régularité[1] ».

Peut-être vous souvenez-vous du film *L'Envolée sauvage (Fly away home)*, réalisé par le cinéaste américain Carroll Ballard, il y a quelques années ; il résumait fort bien la découverte du scientifique autrichien Konrad Lorenz sur l'empreinte. À la suite du décès de sa mère dans un accident de voiture, une jeune fille néo-zélandaise se rend au Canada chez son père séparé d'elle depuis plusieurs années. Dans cette riche campagne où il vit, elle devient le substitut maternel de jeunes oies dont la mère a été tuée. Mais elle comprend avec le temps que les oisons ne peuvent apprendre ni à voler ni à migrer. La jeune fille, avec l'apport d'un ultra-léger motorisé (ULM), leur enseignera les rudiments de l'envol. À noter l'importance de l'empreinte dans cette représentation cinématographique, importance que l'on peut facilement

1. Louise Noël, *Je m'attache, nous nous attachons : Le lien entre un enfant et ses parents*, Montréal, Éditions Sciences et culture, 2003, pp. 19-20.

reporter sur l'être humain. Dans un pur réflexe de survie, un enfant abandonné s'attachera à la première figure qui lui manifestera de l'attention (positive ou négative), tout comme les oisons du film. Cette figure est sa première empreinte significative (positive ou négative).

QU'EST-CE QUE L'EMPREINTE?

Konrad Lorenz, biologiste autrichien, longtemps à la tête d'un centre de recherche d'un institut de la Max Planck Gesellschaft [société Max-Planck] à Seewiesen en Allemagne, consacra sa carrière à l'étude des conduites des animaux dans leur milieu naturel et fut l'un des maîtres fondateurs de l'éthologie moderne. Il en fit reconnaître la place au sein de la biologie, dans les classifications de la systématique et dans la dynamique de l'évolution, et, plus important pour nous, il l'imposa à l'attention des psychologues, qui devaient y trouver non seulement des leçons de méthode observationnelle, mais des sources d'inspiration théorique dont l'étude de l'homme a tiré profit.

Ainsi, les recherches sur l'empreinte ont stimulé les travaux des psychologues sur les origines de l'attachement affectif chez le bébé et les données éthologiques sur l'agression ont éclairé bien des aspects de l'agressivité humaine. L'influence de Lorenz fut sans doute servie par la qualité de ses œuvres écrites, dont certaines, notamment *Il parlait avec les mammifères, les oiseaux et les poissons* (Paris, Flammarion, 1968), initient le grand public à l'analyse scientifique des mystères du comportement animal, dont d'autres constituent autant de contributions magistrales à la théorie psychologique générale (on signalera notamment *L'Agression, une histoire naturelle du mal*, Paris, Flammarion, 1969 et *Les Fondements de l'éthologie*, Paris, Flammarion, 1984).

À propos de l'empreinte

Observé déjà à la fin du XIXe siècle par Spalding chez le poussin domestique, le phénomène d'empreinte a été abondamment étudié par Lorenz et son école. L'observation naturaliste indique que les canetons ou oisons fraîchement éclos suivent leur mère et répondent en se rapprochant d'elle à ses cris. Si la mère naturelle fait défaut au moment de l'éclosion, ces conduites caractéristiques peuvent s'accrocher à un objet de substitution, pour autant qu'il présente certaines propriétés (notamment le mouvement). On connaît les images légendaires de Lorenz, fondateur de l'éthologie objectiviste, suivi par une bande d'oisons pour lesquels il avait servi d'objet d'empreinte.

Cette substitution par un être humain dépasse naturellement le niveau de la simple observation pour passer à celui de l'expérimentation. Des expériences plus systématiques sont venues confirmer le phénomène et en préciser la nature. Ainsi a-t-on procédé à des empreintes artificielles sur des stimuli visuels ou sonores différents de ceux fournis par la mère. Les jeunes animaux manifestent leur conduite de poursuite envers les sources de ces stimulus « contre nature », pour autant qu'ils y aient été exposés dans une période brève, suivant de peu l'éclosion, dénommée période critique. La notion, élargie à celle de période favorable ou privilégiée, est devenue un concept central de la psychologie du développement, y compris de l'espèce humaine.

<http://www.yrub.com/psycho/lorenz.htm>

Grâce aux découvertes scientifiques, nous savons depuis longtemps que les premiers balbutiements de l'attachement se créent dans l'utérus et se poursuivent tout de suite après la naissance. Cette création survient selon la dynamique et les sentiments intérieurs des parents à l'égard du nouveau-né. Les premières années de vie sont fondamentales pour l'établissement et la consolidation du lien affectif, car par la suite, l'enfant apprendra à devenir autonome. Évidemment, la base parentale se doit d'être sécurisante pour ces premières explorations. À ces âges, l'enfant doit toujours compter sur eux pour leur survie, autant physique que psychique.

Lorsque le lien ne se crée pas, le développement peut subir des entraves, d'où des résistances possibles, voire de l'agressivité ou de l'évitement.

Créer un lien d'appartenance représente le terrain premier dans lequel le sentiment de sécurité prend racine chez l'enfant. Les styles d'attachement peuvent différer selon les traits psychologiques et génétiques de l'enfant, ainsi que le contexte familial et environnemental dans lequel il grandit. Vit-il avec ses parents biologiques, en famille monoparentale, homoparentale, d'accueil ou autre ? Son milieu est-il harmonieux, dysfonctionnel, accueillant ou violent ? Et l'enfant, comment est-il ? Foncièrement indépendant, timide, peureux, audacieux, colérique ? Toutes ces informations réunies permettent de déterminer si le petit pourra bien se développer affectivement et d'établir les mesures appropriées en vue de maximiser sa croissance et de permettre un lien solide et durable avec la ou les personnes responsables de lui.

Un milieu qui favorise les liens est idéal, pour ne pas dire essentiel. La réceptivité de l'adulte et sa capacité de répondre adéquatement aux besoins et aux détresses d'un enfant sont déterminantes. Ainsi apaisé, ce dernier peut explorer son monde extérieur en toute confiance. Cette excursion, réalisée sur des bases sécuritaires, représente une assise importante dans le développement ou le rehaussement de son estime personnelle.

Durant toutes ses années de croissance, le lien doit être maintenu, nourri, soutenu et évolutif. Plus nous écoutons les signaux qu'il émet à notre endroit, soit pour capter notre attention ou pour nous signifier un manque d'intérêt possible ou une négligence de notre part, plus nous avons la chance de rétablir la situation et de fixer un lien solide accompagné d'une bonne communication. Celle-ci sera importante au détour de l'enfance, quand il entrera dans le nouveau passage de sa vie : l'adolescence.

Comment favoriser un lien d'appartenance ?

On favorise un lien d'appartenance de plusieurs façons. D'abord en prodiguant à l'enfant un milieu sécuritaire, accueillant et non bruyant ; en satisfaisant ses besoins de base (primaires) et ceux plus complexes, qui surviennent avec le temps ; en l'écoutant paisiblement, activement et inconditionnellement ; en lui parlant et en l'aidant à explorer librement son monde, à exprimer ses besoins ; en portant un vif intérêt à ce qui le passionne et attire son attention ; en mettant à sa disposition des jouets et des livres, et en lui suggérant des activités susceptibles de favoriser sa capacité de créer avec l'adulte ; et surtout, en instaurant un encadrement qui n'abuse pas de méthodes punitives.

Inutile de mentionner que la négligence, la maltraitance et les abus envers un petit ou un jeune sont INACCEPTABLES. Tout enfant, même sans parent biologique (adopté, en famille d'accueil ou autre), mérite le RESPECT ; particulièrement si ses assises ne sont pas solides. Il n'a guère connu un départ comme les autres : pas de parents protecteurs, de sécurité, de stabilité, de clan... Beaucoup de bambins et de jeunes ont été ballottés d'une famille à une autre, parfois jusqu'à 38 foyers, sans égard à leur sensibilité et au dérangement affectif que ces déplacements peuvent causer sur leur développement. Heureusement, il existe maintenant de nouvelles dispositions de la Loi sur la protection de la jeunesse, assurant une meilleure stabilité pour les enfants en difficulté. Nous verrons avec le temps si cette réforme produit des résultats positifs, à tous points de vue, pour le bien-être de ces enfants et de ces jeunes trop souvent laissés pour compte.

Il va sans dire que « tout placement, déplacement, changement de milieu de vie imposé à l'enfant, quelles que soient les raisons les motivant, doivent être considérés comme potentiellement préjudiciables à l'enfant. Plus les placements sont nombreux, plus les dommages seront considérables[2] », spécifie le docteur Pierre

---

2. Pierre Foucault, *Surveiller son enfant : Une porte ouverte sur*

Foucault. Cela ne veut pas dire de bannir les placements, mais de procéder avec circonspection.

Les premières séparations sont également cruciales. Le petit « abandonné », ou laissé dans un milieu inconnu sans repère sécurisant, sans préparation avant le premier jour de la garderie ou de prématernelle par exemple, pourrait développer une angoisse de séparation qui pourrait migrer vers ses relations futures, surtout si cette anxiété en suit d'autres où il n'a pas bénéficié des douceurs et du réconfort que procurent les consolations.

Bien sûr, nous avons tous vécu une séparation ou perdu un objet d'amour. L'anxiété, la douleur et le deuil n'ont pas été faciles à vivre. N'empêche que les séquelles et leurs répercussions pourraient être moindres dans leur vie adulte, si nous atténuons la détresse de nos enfants par notre présence, notre écoute, notre amour et nos mots berceurs.

Certains enfants vivent la séparation dans les larmes et les cris. Toutefois, n'allez pas croire que le silence indique un passage facile (même si certains peuvent l'être). Cela peut aussi bien révéler qu'il se replie sur lui-même, incapable d'exprimer autrement sa détresse. Toute crise peut signaler une séparation mal orchestrée,

---

l'attachement, Outremont, Éditions Logiques, 2006, p. 36.

par le parent ou la personne qui l'accueille à la garderie, par exemple.

Cela dit, on comprendra qu'une réaction à la séparation est plus que plausible. Le petit quitte un milieu connu et entre dans un autre dénué de repères familiers ; d'où l'importance de favoriser un détachement graduel. En ce sens, il est bon, dans les semaines qui précèdent l'entrée à la garderie ou à la prématernelle, d'emmener souvent l'enfant près du nouveau lieu physique où il évoluera. À la limite, vous pouvez même entrer dans la cour d'école et vous amuser avec lui ou elle, ce qui imprimera de bons souvenirs de ce lieu. Quant à se trouver là, pourquoi ne pas demander de visiter l'établissement avec l'enfant ? Ce n'est pas toujours possible, mais certes envisageable, en vue de le familiariser avec son futur milieu. Tout est concevable avec un peu d'imagination, de la bonne volonté et dans les règles de la permissivité.

La constance

La constance a son importance pour établir un lien d'attachement qui a de l'influence sur la confiance et l'estime de soi. Qu'il s'agisse de la mère, du père, de la grand-mère, du tuteur, de l'éducatrice ou d'une personne significative et responsable, le comportement modèle ne doit pas varier ou inclure des contradictions. Comment l'enfant pourrait-il s'y retrouver ? Nous sommes le pôle important autour duquel il gravite. Il peut s'y accrocher, s'en éloigner, y revenir, être indifférent, se sentir rejeté, y résister... L'important, c'est que ce pôle soit immuable sinon solide.

Certes, un déficit d'attachement peut entraîner des problèmes d'ordres cognitif, relationnel et social. Toutefois, il y a toujours des exceptions à la règle. Des enfants qui ont traversé des épreuves terribles peuvent développer une résilience qui leur permettra d'affronter adéquatement les courants forts de la vie et de s'adapter à différentes conditions internes et externes. « Bien sûr, les traumas aigus sont délabrants, mais ont-ils des effets plus durables qu'une contrainte incessante qui marque sa trace dans la mémoire, modifie les émotions, les apprentissages et le sentiment de soi[3] ? »

Les sempiternelles attitudes de rejet envers un enfant ou la répétition de paroles à caractère diminutif du genre de : « Tu ne feras jamais rien de bon dans la vie », peuvent causer davantage de tort qu'un traumatisme isolé qu'une personne a pris la peine de réparer. De plus, la société, avec ses nombreuses étiquettes sur les enfants aban-

3. Boris Cyrulnik, *Un merveilleux malheur*, Paris, Éditions Odile Jacob, coll. Psychologie et Bien-être, 2002, p. 59.

donnés et traumatisés, peut induire une courbe de parcours automatique qui peut pourtant être redressée après les dégâts. Ces jeunes, condamnés à être irrécupérables avant d'avoir pu faire leurs preuves, s'enfoncent dans le sentier de la marginalité et de la solitude, sans soutien ferme et chaleureux pour les amener à faire face à leurs blessures et à grandir à malgré elles.

Selon le Dr Boris Cyrulnik : « Trop souvent, les entraves infligées par l'idée que le discours social véhicule sur ces pauvres enfants les vouent à devenir des monstres, des débiles ou des délinquants. Cette dernière hypothèse est la plus probable puisque les orphelins précoces, qui ont pu nouer des liens dans une institution, avec une famille d'accueil ou même plus tard avec leur conjoint, révèlent qu'ils n'ont pas plus de dépression que la population témoin. Une vulnérabilité affective peut se transformer en force affectueuse, à condition d'y mettre le prix[4] ».

La plupart des enfants qui ont eu la chance d'avoir des parents *encadrants*, sécurisants, affectueux, qui se sont bien occupés d'eux, ont développé une grande solidité affective et sociale, une capacité communicationnelle et cognitive ainsi que des relations amoureuses épanouissantes et équilibrées. Si l'enfant n'établit pas un pont

---

4. *Ibid.*, p. 92.

affectif sécuritaire avec un des parents, mais est solide avec l'autre, il aura une base et un sentiment d'appartenance qui lui permettront de former des amitiés et des relations fortes. Encore là, nous insistons : même l'enfant le plus gravement atteint par la négligence parentale peut s'en sortir et vivre une vie épanouie, à sa manière. Il faut aussi croire en la différence, en la capacité d'un jeune à donner un sens à sa vie d'une façon qui représente sa créativité propre. Encore faut-il l'aider à se développer...

4

Le développement physique et psychoaffectif jusqu'à l'adolescence

Même si d'innombrables livres ont exploré en long et en large le développement physique et psychoaffectif jusqu'à l'adolescence, nous allons en brosser un bref tableau afin de comprendre le cheminement du poupon jusqu'à l'adolescence. Ainsi, nous cernerons mieux les périodes durant lesquelles l'anxiété pourrait prendre forme et déterminer ainsi la capacité de l'adolescent en devenir à affronter l'adversité.

Selon l'Organisation mondiale de la Santé (OMS), le développement jusqu'à l'adolescence se déroule en plusieurs étapes : la petite enfance (de 0 à 6 ans), la grande enfance ou la période de latence (de 6 à 11 ans), la puberté (filles de 8 à 13 ans, garçons de 9 à 14 ans) et l'adolescence (de 11 à 20 ans). Ces âges peuvent varier selon les pays et les cultures.

La petite enfance

Comme nous l'avons mentionné au chapitre 3, les premières années de vie d'un enfant sont déterminantes sur le plan du développement, particulièrement les trois premières, alors que s'installe et se renforce le lien d'attachement, même avec ceux qui ont des retards intellectuels ou des problèmes de santé mentale ou physique. L'accueil doit être de qualité en tout temps et pour tous les bébés et enfants.

Durant la petite enfance, la nutrition, l'environnement et l'éducation sont (comme toujours) des facteurs d'une extrême importance pour un fonctionnement optimal du cerveau qui, nous le savons, représente la tour de contrôle de notre corps. Les fonctions du cerveau sont multiples, tant du point de vue biologique, physique et cognitif que comportemental. Il abrite 100 milliards de cellules – une communauté fort intelligente – dont le but est de transmettre et de recevoir les données de différents lieux de l'organisme afin d'assurer la survie de l'être humain.

Grâce au neurotransmetteur (substance biochimique libérée par une synapse et servant au transfert de l'information dans le système nerveux), l'influx nerveux peut circuler et permettre plusieurs fonctions, dont : le mouvement, la mémoire, la conscience, la captation des stimuli externes et les réactions à l'environnement. Dès que le cerveau reçoit une information, il l'analyse et considère la ou les réponses appropriées.

« Le développement du cerveau basé sur les expériences tôt dans la vie (y compris *in utero*) peut déterminer les trajectoires de l'apprentissage, du comportement et de la santé. Ces trajectoires sont difficiles à modifier plus tard dans la vie. Les chances de grandir en meilleure santé tout en développant des habiletés de penser, d'agir, de parler et d'intervenir, autant émotionnellement que socialement, sont alors accrues[1]. »

---

1. Centre d'excellence pour le développement des jeunes enfants, Montréal, 25 mai 2004.

DÉVELOPPEMENT DE L'ENFANT JUSQU'À L'ÂGE ADULTE

Principaux développements au cours de la vie[2]

ÂGE	PHYSIQUE	COGNITIF	PSYCHOSOCIAL
Tout-petits 0 à 3 ans	Cerveau plus complexe, sensible aux influences environnementales. La croissance physique et motrice est rapide.	Capacités d'apprentissage, mémorisation et réponse aux stimuli sensoriels. L'utilisation des symboles apparaît et la capacité de résoudre des problèmes se développe à la fin de la deuxième année.	Attachement aux parents et aux autres. Prend conscience de son existence. Passage de la dépendance à l'autonomie. L'intérêt pour les autres enfants grandit de plus en plus.

2. Sally W. Olds et Diane E. Papalia, *Psychologie du développement humain*, adaptation dirigée par Annick Bève, Laval, 6e édition, Beauchemin, 2005, pp. 6-7. Extrait et adaptation du tableau.

ÂGE	PHYSIQUE	COGNITIF	PSYCHOSOCIAL
Petite enfance 3 à 6 ans	Croissance constante. Le corps s'allonge. L'appétit diminue, les problèmes de sommeil sont courants. La dextérité apparaît, avec motricité fine et force musculaire.	Compréhension et usage du langage se développent plus rapidement. La pensée est plus égocentrique. Manque de maturité cognitive. Conception un peu illogique du monde. Mémoire et langage s'améliorent. Intelligence plus prévisible. Fréquentation de la garderie ou de la prématernelle.	L'image de soi et la compréhension des émotions augmentent. L'indépendance, l'initiative, la maîtrise de soi et l'autonomie aussi. L'identité du genre se développe. Le jeu devient plus imaginatif, plus élaboré, plus social. L'altruisme, l'agressivité et la peur sont courants. La famille reste le centre de la vie sociale, mais les autres enfants prennent de plus en plus d'importance.
Enfance moyenne 6 à 11 ans	La croissance ralentit. Force et capacités physiques augmentent. Maladies respiratoires courantes, mais santé meilleure qu'à toute autre période de la vie.	L'égocentrisme diminue. L'enfant commence à réfléchir de façon logique et concrète. La mémoire et le langage s'améliorent. Les gains cognitifs permettent de suivre une éducation formelle.	L'image de soi devient plus complexe et influe sur l'estime de soi. La corégulation montre le passage graduel du contrôle des parents aux enfants. Les pairs prennent la place centrale.

ÂGE	PHYSIQUE	COGNITIF	PSYCHOSOCIAL
Adolescence 11 à 20 ans	Changements physiologiques nombreux et rapides. L'enfant atteint la maturité sexuelle. Les principaux problèmes de santé proviennent de comportements inadéquats, tels que l'absence d'alimentation ou l'utilisation de drogues.	La réflexion et le raisonnement scientifique se développent. La réflexion manque encore de maturité pour certaines attitudes et certains comportements. L'apprentissage vise la préparation à l'université ou à la carrière.	La recherche d'identité, y compris l'identité sexuelle, occupe la place centrale. En général, les relations avec les parents sont bonnes. Les groupes de pairs permettent aux adolescents de développer et de tester leur image de soi, mais ces groupes peuvent également exercer une influence néfaste.

La grande enfance ou la période de latence

La grande enfance ou la période de latence est caractérisée par un apaisement des pulsions sexuelles. « Pendant la latence, les pulsions infantiles s'apaisent et les objets d'investissement changent : l'enfant s'ouvre au monde. Sa curiosité intellectuelle se développe tandis qu'augmente sa capacité de concentration, action nécessaire à l'apprentissage scolaire. S'il est perturbé par des problèmes familiaux, ceux-ci accaparent son esprit et entravent sa faculté de concentration.

Surviennent alors des troubles scolaires. Aux CP (cours préparatoires), l'apprentissage de la lecture et de l'écriture devient difficile, et l'enfant peut accumuler du retard si les troubles persistent. Chez les plus grands, d'habitude intéressés par l'école, ces manifestations entraînent une baisse des résultats scolaires[3]. »

Durant cette période de développement, l'enfant est davantage porté à se poser des questions sur ses origines, sa naissance, etc. Son milieu relationnel change et il adapte souvent son comportement, imitant les enfants du même sexe afin d'éprouver un sentiment de sécurité lié à l'autre.

La puberté

La puberté, qui semble causer de nombreux soucis à certains adolescents et par conséquent à leur entourage, est une étape du développement humain où l'on passe de l'enfance à la vie adulte. Elle entraîne différentes modifications qui permettent au jeune d'accéder aux fonctions de reproduction (fertilité). Cette période de croissance exceptionnelle établit les caractères sexuels primaires et secondaires, avec les changements de comportement qu'ils impliquent. Le mot *puberté*

3. Agnès Zonabend, *Les Enfants du divorce : Comment réagir en tant que parent ?*, Levallois-Perret (Hauts-de-Seine), Éditions Studyparents, collection Éclairages, 2006, p. 74.

tire son origine du mot latin *pubertas*, associé au passage à l'âge adulte et à l'apparition des poils pubiens.

ÉCHELLE DE TANNER (PROPOSÉE EN 1962)

Classification en cinq stades de l'évolution morphologique de la puberté

Stade	Pilosité pubienne homme	Pilosité pubienne femme	Testicules et pénis chez l'homme	Développement des seins chez la femme
I	Absence de pilosité pubienne ; un fin duvet couvre la zone génitale.	Absence de pilosité pubienne.	Testicules, scrotum et pénis de taille prépubère.	Pas de seins, élévation éventuelle du mamelon, aréole petite et plate.
II	Quelques poils légèrement pigmentés, droits, allongés, en général à la base du pénis.	Quelques poils longs pigmentés, apparaissant sur le pourtour des grandes lèvres.	Croissance du scrotum et des testicules ; peau scrotale plus rouge et augmentation du volume du pénis.	Apparition du bourgeon mammaire. Augmentation du diamètre du mamelon et de l'aréole, qui sont légèrement bombés.

III	Poils pubiens bien visibles, pigmentés, bouclés et étalés latéralement.	Augmentation de la pigmentation des poils pubiens, qui commencent à friser et n'occupent qu'une petite partie du pubis.	Croissance du pénis en longueur. Allongement du scrotum et augmentation du volume testiculaire.	Les bourgeons mammaires et l'aréole continuent de s'élargir. Contour des seins pas encore esquissé.
IV	Pilosité de type adulte, plus drue.	Les poils pubiens continuent de friser et poussent plus drus ; pilosité plus dense.	Le volume testiculaire et le scrotum continuent d'augmenter ; pigmentation plus marquée du scrotum ; le pénis continue de grandir et le contour du gland devient visible.	Projection antérieure de l'aréole et du mamelon pour former une seconde protubérance.
V	Pilosité adulte qui s'étend sur la surface interne des cuisses.	Pilosité de type adulte en triangle qui s'étend sur la surface interne des cuisses.	Les testicules, le scrotum et le pénis atteignent leur taille et leur forme d'adulte.	La protubérance aréolaire a disparu, le mamelon continue de saillir ; anatomie de type adulte.

L'adolescence

Nous allons maintenant nous attarder à cette période de la vie, puisqu'elle nous concerne plus particulièrement, d'où le titre de ce livre. D'abord, qu'est-ce que l'adolescence ? Pour le Dr Stéphane Clerget : « Le verbe *adolescere*, qui signifie "croître", est la racine latine à la fois du mot "adolescence" et du mot "adulte ". Le passage à l'âge adulte est donc inscrit dans le mot "adolescence"[4] ».

Il s'agit sans contredit d'une période intense d'accommodements et de perturbations. Le psychologue Richard Cloutier souligne, dans le livre *Psychologie de l'adolescence*, que : « Sur une période de sept ans, seulement, des bouleversements considérables se produisent : le corps se transforme, les pulsions sexuelles apparaissent, la façon de se percevoir et de comprendre les autres se modifie, une identité sociale différente prend forme à l'extérieur de la famille, etc.[5] ».

Il est clair que pour certains, l'adolescence est une traversée houleuse de l'enfance vers la vie adulte, alors que pour d'autres, elle s'inscrit dans une continuité ; aucune scission notable ou apparente n'existe dans leur parcours.

---

4. Dr Stéphane Clerget, *Adolescents: la crise nécessaire*, Paris, Fayard, 2000, p. 167.
5. Richard Cloutier, *Psychologie de l'adolescence*, Montréal (Chicoutimi), Gaëtan Morin éditeur, 1996 (1982), p. 3.

Peu importe le courant de pensée, l'adolescence est un passage, un séjour temporaire dans un « lieu » de l'existence où de nombreux facteurs de croissance entrent en ligne de compte.

Qu'il s'agisse de métamorphose exceptionnelle du corps (changements effectués dans les systèmes nerveux et endocrinien à la puberté), de maturation sexuelle (féminine ou masculine) et leurs corollaires psychologiques, tous ces changements profonds entraînent une forme d'anxiété chez les adolescents. L'intensité diffère selon le bagage génétique, l'environnement familial et social, l'alimentation, la ou les maladies et les conditions socioéconomiques. Chacun de ces facteurs influe de façon cruciale et prépondérante sur leur comportement et leur parcours.

Du début à la fin de sa vie, l'être humain poursuit son développement, mais plus particulièrement lors de la fameuse poussée de croissance qu'est la puberté. « La croissance physique est déterminée génétiquement, mais elle peut subir l'influence de facteurs environnementaux. Le contrôle génétique de la croissance physique est assuré par l'information que transportent les hormones dans le corps[6]. »

---

6. Richard Cloutier, Pierre Gosselin et Pierre Tap, *Psychologie de l'enfant*, 2e édition, Montréal (Chicoutimi), Gaëtan Morin éditeur, 2005 (1985), p. 106.

Maintenant, soyons un peu plus scientifiques et entrons dans les détails. Il existe une structure cérébrale, l'hypothalamus (glande pituitaire dirigeant le système endocrinien), qui, à l'adolescence, ralentit le taux de déversement d'hormones sexuelles dans le corps. L'hypothalamus libère alors deux agents hormonaux, entraînant une activation de la glande maîtresse, l'hypophyse, sécrétrice de nombreuses hormones, dont celle de croissance. L'hypophyse stimule à son tour d'autres glandes : la thyroïde, les surrénales et les gonades, soit les ovaires (glandes génitales des femelles, qui produisent les ovules et les hormones sexuelles (œstrogènes et progestérone) et les testicules (glandes génitales du mâle, qui produisent les spermatozoïdes et la testostérone).

Selon Laurence D. Steinberg, cinq modifications physiques primordiales se produisent à l'adolescence : « la poussée de croissance ; le développement des caractères sexuels primaires (maturation des gonades) ; le développement des caractères sexuels secondaires (croissance des seins, mue de la voie, apparition des poils pubiens, etc.) ; les changements morphologiques du corps (gras et muscles) ; la capacité aérobique (les forces musculaires, cardiaques, respiratoires, la résistance, etc.)[7] ».

---

7. Laurence D. Steinberg, *Adolescence*, 6e édition, Toronto, McGraw-Hill Humanities/Social Sciences/Languages, 2005.

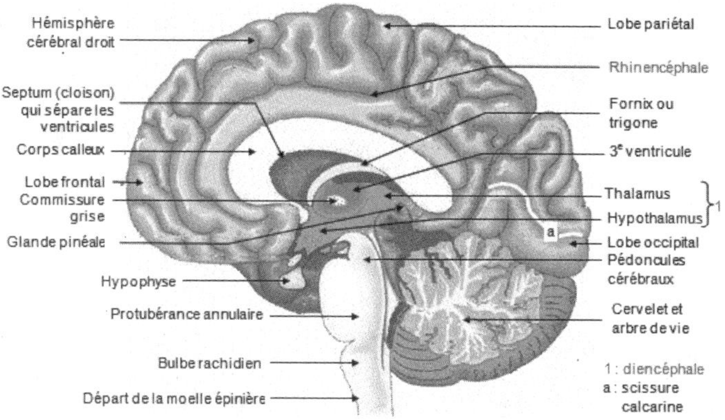

Encéphale - coupe sagittale médiane

<http://georges.dolisi.free.fr/Schemas/Encephale_CSM1.gif>

Deux types de transformation surviennent à la puberté. Elles sont liées aux caractères sexuels - primaires (la fonction de reproduction : ovarienne chez la fille, possibilité d'éjaculation chez le garçon) et secondaires - déterminant ainsi leur apparence différente.

L'hormone de croissance est donc la grande responsable de cette transformation, qui se poursuit de manière active pendant la puberté. Les systèmes nerveux et endocrinien travaillent en un cycle sans fin, à titre de fidèles serviteurs et de grands responsables de cette période critique du développement humain.

De façon assez manifeste, la courbe de croissance diffère selon le sexe. Chez les garçons, elle atteint son apogée vers l'âge de 14 ou 15 ans, plus vieux que chez les filles (12-13 ans). Durant cette période, les filles sont généralement plus grandes que les garçons. Avec le temps, les garçons rattraperont cet écart. Il est important de noter que cette accélération de la courbe de croissance (puberté) survient juste avant la maturité sexuelle qui, parallèlement, développera le regard de l'adolescent sur lui-même. Et ce n'est qu'au terme de cette croissance spectaculaire que la courbe diminuera promptement, permettant un apaisement chez le ou la jeune adulte.

« Pour les garçons, une maturation précoce à l'adolescence a constamment été associée à des avantages dans les rapports sociaux et pour l'image de soi, telle qu'être traité plus tôt comme une grande personne, obtenir les meilleurs résultats dans les sports, être capable de plaire aux filles (qui mûrissent plus vite en général)[8]. »

Autres facteurs de croissance

La croissance de l'adolescent est évidemment influencée par les conditions socioéconomiques et l'environnement. La pauvreté du milieu représente également un facteur nuisible à sa croissance. Ainsi, une famille aux ressources limitées ou vivant sous le seuil de la pauvreté peine à offrir

8. Richard Cloutier, *op. cit.*

à son enfant la nourriture appropriée à son essor physique et psychique.

L'obésité représente un autre problème de croissance. Ce facteur lié à l'alimentation est bien souvent associé à la sédentarité. Certes, l'adolescent mange deux fois plus que l'enfant, mais l'abondance de nourriture ingérée, plutôt que de l'engraisser, contribue à sa croissance. Là où le bât blesse, c'est lorsque son poids dépasse de 20 % le poids moyen de la population de même taille. Ce problème provient rarement de l'adolescence, mais bien de l'enfance. Il pourrait aussi découler d'une anomalie pubertaire. L'obésité entraîne des maladies telles que les troubles cardiovasculaires et le diabète.

« [...] les habitudes alimentaires acquises dans la famille constituent un des principaux facteurs qui expliquent le surplus de poids. Non seulement la consommation de nourriture a des effets directs sur le physique de l'enfant, mais, psychologiquement, l'enfant peut en arriver à interpréter de façon erronée les indices proprioceptifs de la faim. Il peut en résulter une fausse interprétation de la sensation de faim ou de satiété et, par la suite, une dépendance à l'égard de la nourriture[9]. »

---

9. Richard Cloutier, Pierre Gosselin et Pierre Tap, *op. cit.*, p. 128.

L'anorexie mentale, qui frappe parfois l'adolescent, constitue un désordre alimentaire d'origine psychologique. « L'anorexie mentale est un des troubles des conduites alimentaires (TCA) à ne pas confondre avec l'anorexie comme pathologie médicale. Elle se manifeste notamment par une préoccupation tyrannique de l'apparence, qui entraîne des restrictions alimentaires drastiques. Les causes sont multiples et surdéterminées. En tout état de cause, elles relèvent d'une psychopathologie de l'image du corps. La mode et les phénomènes d'imitations entre adolescents sont souvent incriminés, mais ils restent difficiles à isoler de l'histoire du sujet qui souffre de son environnement familial et d'événements de vie déclenchants [*sic*][10]. »

Dans la lignée des désordres alimentaires notés chez les adolescents, il y a évidemment la boulimie. « La boulimie est un des troubles de conduites alimentaires, qui se caractérise par un rapport pathologique à la nourriture se manifestant par des ingestions excessives d'aliments, de façon répétitive et durable. Afin de compenser l'excès de calories ingérées, ou afin de se soulager de sentiments tels que la colère, le dégoût, ou encore la pression scolaire, la personne boulimique a recours à un ou plusieurs des actes suivants :

---

10. <http://fr.wikipedia.org/wiki/Anorexie_mentale>

- provocation du vomissement ;
- utilisation inappropriée de laxatifs ou de diurétiques ;
- exercice physique excessif ;
- imposition de restrictions alimentaires de type anorexiques [*sic*] afin de "rééquilibrer la balance"[11]. »

Les problèmes physiques et psychologiques causés par une mauvaise alimentation et une vie peu active sont légion à l'adolescence. Les effets psychologiques de la puberté, lorsqu'on fait référence au corps, sont déterminants durant la croissance, puisque l'image idéalisée est souvent éloignée de la perception des jeunes et de leur expérimentation quotidienne. Le rythme de maturation chez le garçon (une croissance tout à fait singulière des membres qui incite souvent l'entourage d'un jeune à le qualifier de dégingandé et disproportionné dans sa haute taille) peut entraîner des perceptions négatives de l'image et, du même coup, un sentiment d'insignifiance.

Par ailleurs, la précocité du rythme de maturation de certaines filles par rapport aux autres, notamment les garçons – qui accusent au départ un retard de deux ans – entraîne souvent des fréquentations et des liaisons prématurées, avec

11. <http://fr.wikipedia.org/wiki/Boulimie>

leur lot de conséquences affectives, sociales, etc. La hausse du poids à la puberté nuit aussi à leur image et les amène à se replier sur elles-mêmes, à développer une attitude antisociale ou à verser dans le courant bien connu de la délinquance. Les parents réagissent négativement, amplifiant une situation qui, évidemment, nécessite davantage d'empathie et d'écoute que de reproches et de critiques.

L'image physique de l'adolescent est un écho direct de l'image sociale. Une mauvaise perception de soi entraîne une dévalorisation sociale, particulièrement en raison des stéréotypes sociaux. Il va sans dire que l'éveil de la sexualité est dominant pendant la croissance pubertaire. Le jeune se retrouve fréquemment devant des sentiments et des impulsions intérieures qui sont à l'opposé, et il réagit souvent avec une pensée dualiste, ce qui attise l'anxiété de plusieurs adolescents.

Soulignons également que « la maturité physique est devenue extrêmement précoce et qu'il arrive que la sexualité purement biologique puisse avoir lieu avant que le développement psychologique et la personnalité ne soient prêts[12] ».

---

12. Dr Bernard Lievegoed, *Phases de l'enfance*, traduction de *Phases of childhood* (Floris, 1987), Chatou, Les Trois Arches, 1993, p. 103.

Évidemment, le passage à l'acte sexuel avec un partenaire de l'autre sexe peut se trouver en conflit avec les valeurs de la famille ; aussi n'est-il pas rare que certains jeunes enfreignent les coutumes pour mettre de l'avant leur sexualité, leur érotisme et leur sens de la liberté. L'enfant est le sujet de son corps. À l'adolescence, il est le temple qui se découvre (dans l'embarras, le refus ou l'acceptation). L'aboutissement de son processus de croissance le mènera à la vie adulte, et ce passage est une période d'adaptation et de changement qui va parfois dans tous les sens. Le parent ou les responsables du ou de la jeune doivent se créer une banque de motivation, d'accueil, d'écoute, de générosité et surtout de temps, afin de témoigner de ses besoins réels.

5

L'adolescence, une période de changement et d'adaptation

« Ce qui fait l'homme, c'est sa grande faculté d'adaptation. »

SOCRATE

Toute transition dans la vie, réelle ou symbolique (l'une n'empêche pas l'autre), entraîne de manière brusque ou lente des changements d'état ou de situation chez une personne. La période de l'adolescence ne déroge pas à cette loi de transition et pourrait même se classer au premier rang dans le domaine des perturbations biologiques et psychologiques naturelles, suivie de près par la préménopause.

Étrangement, dès qu'on prononce le mot *adolescence*, le terme *crise* s'y annexe comme un droit acquis ; et devient presque menteur celui qui ose prétendre qu'une puberté paisible existe en ce bas monde. Pourtant, plusieurs jeunes traversent en douceur cette période sans que des vents tumultueux effleurent même leur équilibre. Malheureusement, ce n'est pas le cas pour d'autres.

À quelle *crise* fait-on allusion quand l'adolescent perd ses repères, lorsqu'il développe une anxiété et une insécurité parfois insoutenables devant les nombreux bouleversements de sa vie et que ses doutes et questionnements existentiels l'entraînent dans des comportements souvent incompréhensibles, même pour lui ? Il s'agit, bien sûr, de la *crise d'adolescence* que nous venons d'aborder.

Lorsque le jeune quitte les rives de l'enfance pour atteindre *l'âge ingrat*, il tente d'établir ses nouvelles frontières et, chemin faisant, se retrouve en eaux incertaines. Devant les multiples changements sur les plans biochimique, psychologique, comportemental, social et culturel, il semble plus troublé et s'efforce, à sa manière, d'améliorer ou de changer les balises et les cadres de référence qu'on lui offre depuis sa venue au monde. Cette démarche s'effectue en douceur, dans l'affrontement ou encore dans l'isolement et la réclusion.

« Ces changements », de dire Pierre G. Coslin, professeur de psychologie de l'adolescent à l'Université René Descartes, « entraînent des *transgressions* : en rupture avec l'ordre parental et l'ordre social, l'adolescent provoque ; mais ces provocations sont aussi ouverture, accession à de nouvelles relations avec l'environnement. S'il y a transgression, il y a aussi *transaction*[1] ».

Il ne faut donc pas croire que cette période de « crise » est strictement négative et se vit sans transactions, avec l'adolescent ou ses proches. En réalité, même si pour certains le bateau tangue férocement en eau trouble, ce passage représente une adaptation, un compromis, une recherche de mieux-être, une recherche d'identité. D'ailleurs, la quête identitaire s'avère un des piliers majeurs de ce stade.

L'adolescence constitue ce moment primordial où, au contraire de l'enfance, l'individu prend conscience de faire partie d'une communauté qui dépasse largement la cellule familiale. Certes, la quête identitaire s'inscrit dans un mouvement constant qui culmine de l'enfance à l'adolescence, mais elle prend une ampleur très importante à partir de l'âge de 12 ans (parfois un peu moins) jusqu'à 18 ans (parfois un peu plus). Par la suite, ce processus de définition identitaire s'amenuise, mais il demeure actif tout au long de la vie.

D'après l'auteur Nicolas Sarrasin :

---

1. Pierre G. Coslin, *Psychologie de l'adolescent*, Paris, Armand Colin, coll. Cursus Psychologie, 2010 (2002), p. 192.

« [...] l'enfance est une période primordiale, car elle constitue la première occasion où nous sommes confrontés au monde et où nous devons réagir sans disposer de connaissances assez nombreuses pour comprendre avec la même facilité que l'adulte[2]. »

Lors d'un entretien privé, M. Sarrasin a souligné ceci : « Du point de vue cognitif, l'identité s'établit à partir de nombreuses connaissances sur nous-mêmes. Ces informations concernent notre corps, ce que nous savons de nos valeurs personnelles, ce que nous connaissons de nos réactions habituelles aux événements et aux autres, nos habitudes et nos goûts, nos aptitudes dans différents domaines d'activité, et ce que nous savons de nos émotions et de la manière de les vivre et exprimer. La crise s'accentue à l'adolescence parce que l'individu vit une véritable révolution identitaire. L'adolescent en apprend plus sur lui-même et sur son rôle dans la société en quelques années qu'il en a appris pendant toute son existence. »

En résumé, pour structurer leur sentiment d'identité, plusieurs adolescents cherchent à

---

2. Nicolas Sarrasin, *Petit traité antidéprime: 4 saisons dans le bonheur*, Montréal, Les Éditions de l'Homme, 2005, p. 38. <http://www.ebooks4free.net/ebooks/ebook_sarrasin_quatre_saisons_dans_le_bonheur.pdf>

abolir les limites qui les maintiennent confinés dans le moule parental et sociétal, devenu soudain trop exigu et contraignant: un véritable corset! Ce passage à la vie adulte se vit souvent dans l'anxiété et l'agitation, parfois même dans la perte de contrôle; bien des jeunes s'opposent alors à toute structure établie. Pour les aider à faire face aux situations générant ou haussant leur niveau d'anxiété, il est essentiel de leur offrir des outils adéquats.

Daniel Puskas, psychoéducateur au Centre jeunesse de Montréal, psychanalyste et auteur du livre *Amours clouées: Répétition transgénérationnelle et fonction paternelle*, résume de manière brillante l'aide à apporter à l'adolescent en crise qui souffre d'anxiété: l'écoute, l'écoute et encore l'écoute. « Le jeune doit pouvoir établir, en toute sécurité, un dialogue avec le parent, l'intervenant ou la personne proche de lui, sans crainte de représailles, de jugements, etc. Il a besoin d'être rassuré et de pouvoir s'exprimer, en toute liberté, sur ce qui le taraude de l'intérieur et qu'il manifeste de mille et une façons à l'extérieur. L'adolescent est dans un processus évolutif, un passage le menant de l'enfance à la vie adulte. Il doit se construire avec l'aide et le support des gens autour de lui. Il ne s'agit donc pas de lui faire obstacle en le contrariant ou en l'abandonnant à son sort, mais de demeurer présent et attentif à ses cris du cœur ainsi qu'à ses besoins[3]. »

Cette ouverture d'esprit et la présence à l'autre exigent une grande disponibilité de présence et de cœur. Dans son marasme ou sa difficulté, l'adolescent veut être traité avec respect, bienveillance et compréhension par les adultes ou les intervenants spécialisés. Conséquemment, « l'adolescent souffrant pourra apprendre à briser les murs du silence entourant son vécu, à développer son estime personnelle et à se reconnaître en tant qu'individu[4] ».

Il y a différentes formes d'écoute. Vous connaissez sûrement ce raisonnement assez juste : entre ce que je pense, ce que je veux dire, ce que je crois dire, ce que je dis, ce que vous voulez entendre, ce que vous entendez, ce que vous croyez comprendre, ce que vous voulez comprendre et ce que vous comprenez, il y a au moins neuf possibilités de ne pas s'entendre. L'écoute ne doit jamais se faire d'une oreille inattentive, non réceptive ou sourde. Le philosophe latin Épictète disait qu'écouter est un art. Il importe de développer cet art dans notre vie, certes pour nous, mais aussi

3. Daniel Puskas, *Amours clouées : Répétition transgénérationnelle et fonction paternelle*, Montréal, Éditions Sciences et culture, 2002.
4. *Ibid.*

pour le mettre au service d'autrui, au service des jeunes.

Évidemment, l'écoute n'est pas le seul mode d'intervention auprès d'un jeune. Rappelons-nous que l'adolescence représente la force autant que la vulnérabilité. La façon de réagir des parents, des éducateurs et des tuteurs devant la détresse, le silence, la colère et même les ambitions et les petits bonheurs des jeunes, est de la première importance. Se montrer rassurant, écouter sans juger, parler avec son cœur, expliquer, encourager, être d'un soutien solide pour des choix clairs, chercher de l'aide professionnelle lors de situations aiguës et surtout aimer, au-delà et avec les crises, voilà qui représente les plus beaux cadeaux à offrir à un adolescent.

Il va sans dire que nous ne sommes pas toujours au mieux dans notre propre vie. Nous avons nos propres sautes d'humeur, nos agitations, nos faiblesses et nos peurs. Dans ces moments de fragilité intérieure, offrir un espace accueillant à son enfant ressemble à un combat, une lutte de chaque instant, et malheureusement, pour certains parents, un mode de vie. Nous désirons tous être un bon père et une bonne mère, mais notre passé (souvent déréglé) nous suit et agit, à notre insu, dans nos interactions avec nos enfants. De plus, dans le tourbillon de la vie, notre quotidien ressemble parfois à une course contre la montre et cette dernière gagne souvent la partie.

Rien n'a vraiment pu être accompli. La journée débute à fond de train et se termine sur fond d'épuisement. Nous nous réveillons l'esprit embrumé d'avoir mal dormi, nous prenons notre douche, servons le petit déjeuner, préparons les lunchs, habillons les petits, les menons à l'école, courons au boulot, assistons aux réunions, quittons le travail le pas pressé, faisons quelques emplettes, récupérons les enfants, préparons le souper, mangeons en vitesse, accompagnons les jeunes dans leurs devoirs, donnons le bain, faisons la vaisselle, regardons les nouvelles et finalement, dans le lit conjugal, demandons à notre conjoint, le sourire un peu béat : « As-tu passé une bonne journée ? »

Malheureusement, beaucoup de parents, automatisés dans leur quotidien *essoufflant*, s'endorment le soir, le cerveau rempli de culpabilité, de peines, de tracas, de problèmes financiers, songeant au temps précieux perdu qu'ils auraient pu passer avec leurs enfants. Les quelques petites insomnies qu'ils s'offrent sont loin d'améliorer leur situation. Les stresseurs s'accumulent autant dans leur milieu familial qu'au travail. Leurs besoins sociaux et psychologiques, ainsi que leurs désirs d'achèvement personnel, s'accompagnent d'une telle anxiété dans la volonté d'actualisation, qu'ils sont de moins en moins générateurs de plaisir. Dans ce capharnaüm de pensées et d'actions précipitées, la relation étroite qui devrait s'établir avec l'enfant est ajournée, attiédie, absente ou injuste.

« Pour les parents, il est plus facile d'élever la voix que d'élever ses enfants », disait le monologuiste Marc Favreau (Sol). Il est important, dans ces moments plus difficiles, que le parent (ou tuteur) rassemble ses forces intérieures pour expliquer à l'adolescent l'état dans lequel il se trouve. Il faut toutefois que cette condition ne perdure pas. Une aide extérieure est parfois même nécessaire.

En écoutant davantage nos besoins, nous écoutons davantage ceux de nos enfants, dont le rythme de croissance est effarant. Dans son opéra en trois actes, ou festival scénique sacré intitulé *Parsifal,* Richard Wagner raconte l'histoire saisissante du héros, que l'on pourrait comparer à un moment de vie de l'adolescence. En voici un résumé :

Parsifal, chevalier élevé dans l'isolement d'une forêt, est chassé du château du Graal où il a pénétré, pour avoir omis de poser la bonne question. En un instant, il se retrouve dans le jardin magique de Klingsor, dont la beauté lui rappelle les plus beaux paysages: odeurs suaves, couleurs éclatantes, fleurs exotiques, etc. Mais Parsifal est attaqué par une lance de Klingsor, un magicien, et après un énorme coup de tonnerre, la nuit émerge subitement et le jardin enchanté disparaît. Dans cette obscurité, sur une terre désolée et rocailleuse, il doit trouver le chemin du Graal.

L'adolescent vit un peu de ce drame à la puberté. Il est arraché à ce lieu parfois béatifique où il baignait plus ou moins (selon l'environnement familial), pour se retrouver dans la réalité pure et simple. Il ne part pas à la quête du Graal, mais entreprend sa propre quête identitaire. C'est pourquoi nous devons nous appliquer à comprendre davantage ce que l'adolescent vit dans son univers souvent sans lumière, durant cette période de recherche d'un sens à sa vie. Au cours de son périple, il est possible que des fossés se creusent avec des membres de son entourage, souvent les parents. Il est possible aussi que les comportements changent radicalement. Mais, derrière certaines bravades et certains comportements « erratiques » de ces jeunes, se cache un cœur tendre et, parfois, profondément tourmenté.

N'oublions jamais que nous sommes responsables de nos enfants, de nos jeunes, qui, demain, formeront la société. À ce titre, il demeure essentiel de réviser nos positions et nos attitudes afin qu'elles et qu'ils s'épanouissent dans le respect d'eux-mêmes et des autres. Comme le dit si bien le vieux proverbe chinois: «Toutes les fleurs de l'avenir sont dans les semences d'aujourd'hui.» À nous de les arroser avec amour et compréhension...

L'ADOLESCENCE

L'adolescence est une période particulièrement propice à l'anxiété. Au cours de l'adolescence, le processus de séparation s'accélère et l'adolescent acquiert de plus en plus d'autonomie. S'il souhaite ardemment cette autonomie, il doit en contrepartie en assumer le prix. À divers niveaux, l'adolescent doit accomplir des tâches particulièrement difficiles:

Intégrer les transformations corporelles et la puberté:

1. Définir son identité;
2. S'orienter vers l'autre sexe;
3. Assumer sa sexualité;
4. Se séparer de ses parents;
5. Faire un choix de carrière[5].

5. Lucie Lassonde et Réjean Fontaine, *Mieux comprendre son anxiété et celle de ses proches*, Saint-Hyacinthe, Éditions JML, 1986, pp. 30-31.

6
La délinquance à l'adolescence

« L'adolescence est une emphase : elle est sensible
à la bassesse, plus encore qu'à l'erreur. »

JEAN-MICHEL MICHELENA

Comme vous le savez, la métamorphose est complète à l'adolescence : biologique, psychologique et sociale. La puberté inquiète plus d'un parent ou responsable de jeunes. L'anxiété siège au sein des problèmes d'adolescents : consommation (d'alcool, de drogues, etc.), grossesse, ruptures amoureuses, de fugues, tentatives de suicide, anorexie, boulimie, maladie (chronique, génétique, incurable), maladies transmises sexuellement (chlamydia, gonorrhée, herpès génital, syphilis, vaginite, VIH ou virus de l'immunodéficience humaine et sida ou syndrome d'immunodéficience acquise, stade avancé du VIH), sévices et inceste.

Les tensions et les crises qui résultent de ces expériences de vie sont parfois importantes et deviennent pour certains insupportables. Ces états et ces changements sont souvent liés au sentiment d'impuissance devant l'inévitable rupture avec l'enfance. On parle de problèmes relationnels qui incluent la communication, le regard sur soi et de l'autre, l'incapacité ou le doute d'être apprécié ou aimé, une sexualité refoulée ou débridée avec le risque de contracter le virus du sida, une maladie transmise sexuellement ou de se retrouver enceinte. Il ne faut pas non plus oublier les pressions familiales et sociales, les craintes de représailles, et quoi encore...

En raison d'un contexte d'insécurité et de dysfonctionnement familial chronique, qui entraîne la plupart du temps une enfance carencée, certains jeunes développent une mauvaise image d'eux-mêmes. Aux agressions, à la violence et à l'inceste, ils répondent par l'un ou plusieurs de ces comportements : le dégoût de soi (la honte), le repliement sur eux-mêmes, le défi à l'autorité, une expérience scolaire déficiente, le décrochage, un enrôlement dans un gang de rue (qui souvent profite du commerce sexuel), l'adoption de conduites dangereuses, l'accomplissement de crimes contre la personne ou la propriété, des infractions relatives aux drogues et aux stupéfiants, des fugues, des tentatives de suicide (chez les jeunes plus à risque), etc.

L'adolescent délinquant représente tout un défi pour la société, car autant il souffre profondément, autant il est rejeté et banni du clan social « dit normal » en raison de ses comportements à caractère agressif et violent. Voici la définition d'une « conduite » criminelle juvénile : « [...]une conduite JUVÉNILE, c'est-à-dire une conduite dont l'auteur est un mineur aux yeux de la loi, une conduite DÉROGATOIRE, puisqu'elle va à l'encontre des prescriptions normatives écrites, – une priorité stricte étant accordée aux violations "criminelles" par opposition aux violations "statutaires" – une conduite INCRIMINABLE dont le caractère illégal a été, ou pourrait être, validé par une arrestation ou une comparution devant un tribunal et qui est passible d'une décision à caractère JUDICIAIRE et une conduite SÉLECTIONNÉE, puisqu'elle n'englobe qu'un nombre limité d'actes dont le calibrage, en matière de dangerosité sociale, est acquis et présente un haut degré de stabilité[1]. »

La délinquance juvénile au Canada et au Québec a subi des fluctuations, comme le démontrent d'ailleurs les différents tableaux qui suivent :

1. Marcel Fréchette et Marc Le Blanc, *Délinquances et délinquants*, Chicoutimi, Gaëtan Morin éditeur, 1987, p. 28.

1. Infractions connues des services de police de 1974 à 2000

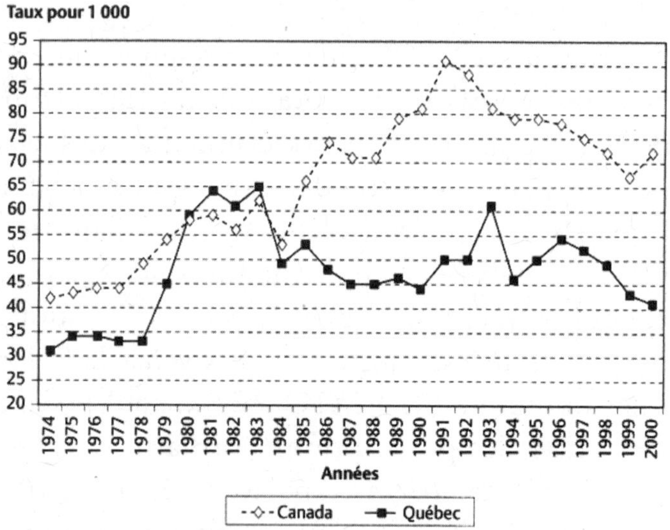

Source : Statistique Canada.

2. Délinquance juvénile des filles et des garçons au Québec : les accusations par les services de police de 1974 à 2000

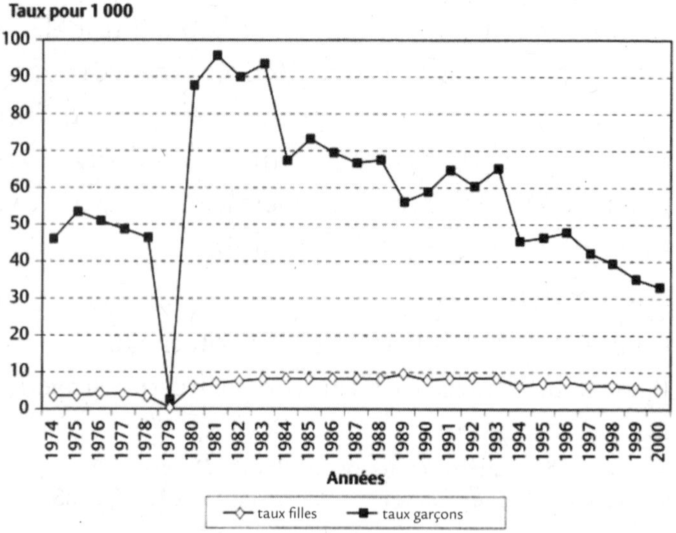

Source : Statistique Canada.

3. Délinquance juvénile avec violence au Québec : les accusations par les services de police de 1974 à 2000

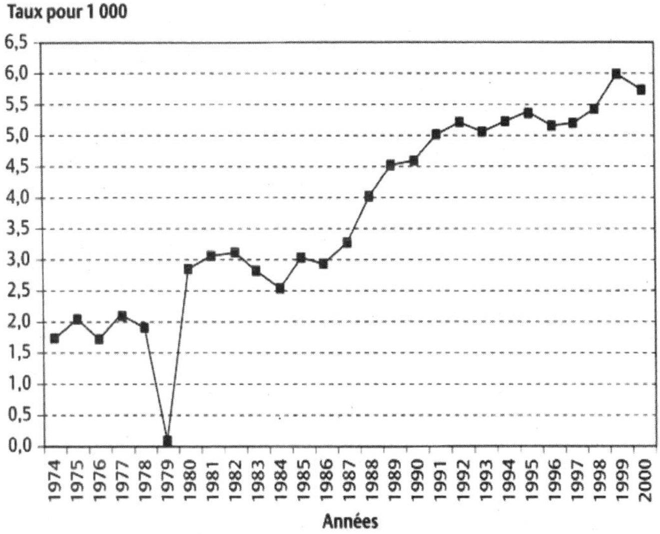

Source : Statistique Canada.

Évidemment, depuis, les statistiques ont changé. Selon une étude à propos des *Statistiques de criminalité* du ministère de la Sécurité publique, publiée en 2004 : « Les jeunes de 12 à 17 ans composent un peu plus de 7 % de la population, mais représentent 18 % des auteurs présumés identifiés dans les affaires criminelles au Québec. Ils sont donc généralement surreprésentés parmi les auteurs d'infractions. Leur taux de perpétration (4 477 infractions par 100 000 jeunes) est plus de 2 fois supérieur à celui des adultes (1 940)[2] ».

2. <http://www.msp.gouv.qc.ca/prevention/statistiques/criminalite/2004/statistiques_criminalite_2004.pdf>

Parmi les crimes dont les auteurs présumés comprennent une proportion plus importante de jeunes, soulignons les introductions par effraction (28 %), les vols de 5 000 $ ou moins (27 %) et les vols de véhicules à moteur (27 %)[3]. Par contre, il nous semble important de le souligner : « à la suite d'une relative stabilité en 2003 (moins de 1 % de variation), le taux de criminalité au Québec a poursuivi sa tendance à la baisse qui s'est amorcée au début des années 90. Les corps policiers du Québec ont enregistré un total de 400 086 infractions au *Code criminel* (si l'on exclut les infractions relatives à la conduite de véhicules), soit une réduction de 3 % du taux de criminalité équivalant à près de 9 200 infractions au cours de 2004[4] ».

Les adolescents en proie à des comportements plus délinquants éprouvent de l'anxiété ; une anxiété qui ne trouve d'exutoires, bien souvent, que dans les gestes répréhensibles. Cette anxiété prend différentes formes et divers visages : inquiétudes passagères ou chroniques, angoisse éphémère ou persistante, dépression à la suite de la prise de stupéfiants – communément appelé le *flip* (mauvais voyage) –, sentiment d'insécurité, envahissement par les pensées négatives, craintes pour l'avenir, etc.

---

3. *Idem.*
4. *Idem.*

Qu'en est-il en Europe?

L'enfant dans le système administratif et judiciaire, des principes à leur application : quelle évolution? Informations sociales, numéro 140, pp. 38-39.

Différents modèles de justice des mineurs coexistent aujourd'hui en Europe. Les pays ont néanmoins à faire face à des défis identiques devant la mutation tant qualitative que quantitative de la délinquance des mineurs. Les chiffres témoignent tout d'abord d'un accroissement de celle-ci. Elle atteint, en moyenne, dans les différents pays 15 % de la délinquance générale totale, et peut aller jusqu'à 22 % dans certains pays. La nature de la délinquance des mineurs évolue également. Au-delà de la traditionnelle délinquance de transgression, se développe une « délinquance d'exclusion » qui est le fait d'une jeunesse à la dérive confrontée à la précarité, à l'échec scolaire et à la perte des repères identitaires. De surcroît, les auteurs délinquants sont toujours plus jeunes et plus violents. Face à de tels actes et aux revendications pressantes d'une plus grande sécurité au sein de la société, quelques grandes tendances se dégagent en Europe concernant la justice des mineurs : une responsabilisation tant des mineurs que des parents, une prise en charge renforcée et parfois plus répressive des mineurs délinquants ou déviants qui se voient parallèlement reconnaître de nouveaux droits, l'avènement d'une justice réparatrice ou restauratrice, alternative à la voie pénale, accordant une place plus importante aux victimes et à la communauté. Ce mouvement de convergence doit-il faire l'objet, au niveau européen, d'une stratégie commune de prévention et de traitement de la délinquance des mineurs ?

LAETITIA DELANNOY – *chargée de mission au sein du département « Questions sociales » du Centre d'analyse stratégique.*

Niveau scolaire en France et en Europe

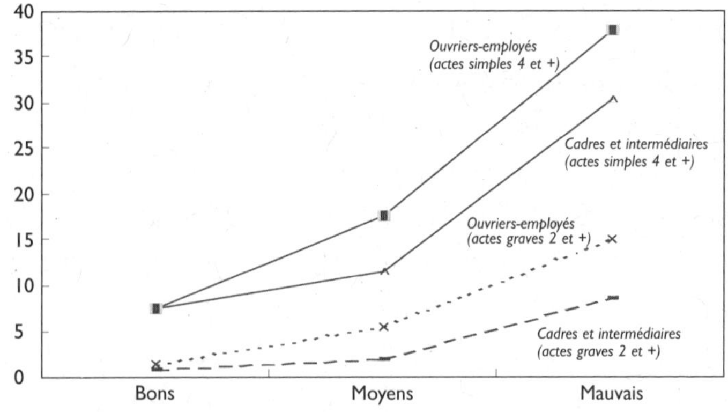

Source : Sébastian Roché, 2001.

Pour le médecin et psychanalyste Alain Braconnier : « Les adolescents ressentent comme une nécessité la confrontation de l'angoisse. Celle-ci se manifeste par des prises de risque, source de peur et de fascination : goût pour la vitesse excessive, jeux avec transgressions, attirance pour les sports à risque. [...] Une des questions centrales, éternelles et angoissantes est celle du “qui suis-je”[5] ? »

Mais pourquoi un adolescent prendra-t-il la route plus complexe de la délinquance alors qu'un autre vivra cet âge de la vie peut-être difficilement, mais sans conséquence grave pour lui-même et les autres (nous ne parlons pas des adolescents éprouvant des problèmes neurologiques ou des syndromes psychotiques) ?

Il faut, bien sûr, considérer les différents facteurs dommageables qui parsèment sa route : ses conflits intrafamiliaux, son état psychique, son parcours scolaire, sa vie sociale, ses relations avec les pairs, ses consommations (drogues, alcool, etc.), ainsi que son... alimentation. Vous êtes surpris de ce dernier ? Ne le soyez pas tant que cela. (Nous en parlerons davantage à la fin de ce chapitre.)

Dans certaines familles, les parents doivent faire face au décrochage scolaire de leur adolescent ou adolescente tandis que les conflits

---

5. Alain Braconnier, *Petit ou grand anxieux ?*, Paris, Éditions Odile Jacob, 2002, p. 178.

parents-adolescents mal résolus entraînent des conséquences à long terme. Tous les problèmes interreliés de l'adolescent forment le « syndrome de comportement à problèmes », étroitement lié aux changements multiples (ainsi qu'à leur intensité) sur les plans physique, sexuel, émotionnel, cognitif et social, qui, généralement, s'ils sont mal gérés, se répercutent dans leur vie adulte.

« La plupart des sociétés occidentales ont vu la délinquance des adolescents croître de façon constante de la fin de la Deuxième Guerre mondiale à la fin des années 1970. Ensuite, elles l'ont vue se stabiliser au cours des années 1980 et 1990. Au Québec, la même trajectoire peut être observée. Le Québec se situe entre les États-Unis, où le taux de délinquance est le plus élevé parmi les sociétés industrialisées, et la Suisse et le Japon, où les taux sont les plus bas, à peu près au même niveau que la plupart des pays scandinaves et des pays d'Europe continentale. Au Canada, le Québec se classe habituellement en deçà de la moyenne nationale et de l'Ontario. Pour donner une idée de l'ordre de grandeur de la délinquance dans une grande ville comme Montréal, environ 80 % des adolescents rapportent avoir participé à au moins une infraction au Code criminel au cours de la dernière année et moins de 10 % à plusieurs infractions. [...] Les adolescents sont aujourd'hui plus réalistes mais aussi plus émotifs et plus anxieux[6]. »

Chaque adolescent possède sa propre dynamique et son système personnel d'évaluation de défense et de protection contre les risques. Pourquoi tel jeune plutôt qu'un autre commet-il des délits sérieux ? Nous pourrions répondre par un seul mot : sa souffrance. Mais cette souffrance (provenant de diverses sources possibles) ne vient pas seule. Elle s'accompagne d'une anxiété, souvent à son paroxysme, même si l'entourage peut ne pas la percevoir. Un adolescent anxieux laisse toujours des signes derrière lui (même si souvent on ne les perçoit pas d'emblée. Un jeune peut afficher une certaine attitude de confiance qu'il est loin de connaître) et toute anxiété a un facteur causal. Rares sont les jeunes qui se mettent en danger physiquement et psychologiquement pour le simple plaisir de carburer à l'adrénaline. Il subsiste toujours un fond de sentiment inexploré. Toujours.

Deux conduites graves surviennent lorsqu'un jeune a accumulé l'infortune et qu'il ne peut verbaliser son mal : la délinquance et les conduites suicidaires. Les comportements à risque impliquent la plupart du temps la consommation de drogue ou d'alcool, la délinquance (vol,

---

6. <http://www.acsm-ca.qc.ca/virage/enfance-jeunesse-famille/la-delinquance.html>

vandalisme, etc.), l'absentéisme scolaire, une conduite suicidaire, des comportements sexuels non protégés.

L'alcoolisme dans la famille, la pauvreté (à ne pas sous-estimer), le faible niveau intellectuel des parents, l'isolement, les modèles déviants et la faible estime de soi sont autant de facteurs anxiogènes. Les conséquences sont la maladie, la mauvaise forme physique, l'échec scolaire, les problèmes avec la police, les grossesses ou la parentalité précoce, la perception négative de soi, de même que la dépression.

Malheureusement, quand l'anxiété s'installe de manière pathologique dans la vie de l'adolescent, elle ouvre la porte à des comportements que même le jeune peut parfois méconnaître – autant leur force que leur impact négatif et destructeur. Les comportements à risque sont plus fréquents : la consommation de drogues, les conduites alimentaires déréglées (boulimie, anorexie), les phobies, les inhibitions, les troubles obsessionnels compulsifs, la somatisation, les épisodes dépressifs, etc.

Selon le médecin psychanalyste Alain Braconnier, il existe trois angoisses précises à l'adolescence[7] : l'angoisse pubertaire (liée aux appréhensions du « corps libéré » des contraintes

---

7. Alain Braconnier, *op. cit.*, p. 181.

de développement) ; l'angoisse décisionnelle (liée aux incertitudes du « psychisme libéré » des identifications de l'enfance) ; et l'angoisse dépressive (liée aux inquiétudes des « représentations de soi libérées »).

Chez l'enfant abandonné, mal « réparé », la carence affective joue un rôle déterminant dans la probabilité d'apparition de troubles anxiogènes à l'adolescence. Il a aussi de fortes chances (même s'il faut lui laisser l'occasion d'être un être différent) de devenir un adulte incapable de nouer une relation profonde. Il n'en demeurera pas moins un être bon et aimant. D'autres deviendront plus négatifs et agressifs, et refuseront d'entrer en relation avec les autres. L'absence de la mère peut également créer un problème de discontinuité sensorielle, temporelle et spatiale, une faible estime personnelle, etc.

Que faire alors avec des adolescents troublés et délinquants ?

Il existe des situations de vie plus complexes que les autres. Et certains parents, au bout du rouleau et pour moult raisons, vont s'arroger le droit d'user de la discipline à outrance sur leurs enfants, parfois pour des peccadilles ; d'autres fois, en jugeant qu'ils ont de bonnes raisons de les mater avec rigueur et brutalité pour les ramener sur le droit chemin.

Plusieurs parents ou personnes responsables, qui agissent sous le coup de l'impulsion, regrettent souvent leurs gestes offensifs. D'autres, carrément agressifs et violents, ne se questionnent même pas sur l'impact éventuel de leur comportement et de leur punition sur la croissance physique et psychique de l'enfant, à moins d'un éclair subit de lucidité (plutôt rare dans ces cas extrêmes). Ces parents, que le langage du cœur semble avoir quittés, infligent des blessures à leur jeune, pour ensuite l'abandonner dans un désert affectif qui ressemble à un abîme. L'adulte ne peut plus être un repère sécuritaire.

Il serait facile de dire de ces jeunes que, devenus adultes, ils vivront le syndrome de répétition et qu'ils reproduiront les mêmes gestes et attitudes sur leurs enfants. Cette notion est fortement répandue dans la société. Certes, un comportement transgénérationnel peut survenir en raison du modèle proposé, mais il est loin d'être figé dans le moule de l'inévitabilité. Le neuropsychiatre et éthologue français, le Dr Boris Cyrulnik, en est convaincu. « Les professionnels disent tous, comme je l'ai fait : *La maltraitance se transmet à travers les générations... qui a été maltraité maltraitera... cette fille dans l'institution, j'ai eu sa mère, j'aurai sa fille...* Toutes ces phrases sont vraies, mais elles sont alimentées par une énorme faute de recueil d'informations que je propose d'appeler le *biais du professionnalisme.* Les professionnels ne recueillent que les cas problèmes, ceux qui répètent la maltraitance et confirment la théorie. Les autres, ceux qui s'en sortent, suivent leur bonhomme de chemin en dehors des circuits professionnels[8]. »

Cette compréhension n'est pas une invitation à heurter les enfants, étant donné que les dégâts sont moindres que les prévisions, dans certains cas. Car tous ne s'en sortent pas aussi bien et avec autant de résilience. Des jeunes soumis à la maltraitance de manière constante peuvent développer de grandes peurs et un manque d'estime personnelle. Ils passeront leur vie à tenter d'échapper aux fantômes de leur passé et à se construire, bon gré mal gré, en l'absence d'assises solides. Mais quel genre d'édifice bâtiront-ils ? Un de souffrances et de colère ou un d'espoir constant de reconquête de l'être ? Personne ne peut le prédire ou le dire, mais il n'y a que deux poids dans la balance... et tous ne deviennent pas des délinquants, même si tous sont de grands blessés.

Que fait-on des grands blessés ? Leur apportons-nous une main secourable, un soutien, une présence dans leur croissance, ou les

8. Boris Cyrulnik, *Un merveilleux malheur*, Paris, Éditions Odile Jacob, coll. Psychologie et Bien-être, 2002 (1999), p. 79.

condamnons-nous, sans procès, à suivre la trajectoire de la délinquance et de la névrose ? Bref, enfonçons-nous le glaive dans la blessure déjà saignante d'un souffrant ?

Les parents, les intervenants, les tuteurs, les responsables, les professeurs - peu importent les problèmes d'ordre affectif, financier, social, professionnel ou autre auxquels ils font face - ne doivent pas perdre leur contrôle de manière récurrente auprès d'un jeune. En effet, cette manière d'agir devient un facteur décisif qui met en péril sa confiance personnelle. Il importe de se comporter en être responsable, car la violence des gestes, l'indifférence ou l'incapacité d'entrer en relation avec le jeune, pourrait susciter chez ce dernier des comportements d'isolement et de retrait, couplés à des sentiments de honte, de culpabilité et de désespoir, ou encore à des confrontations de même que des violences envers lui-même et les autres. L'indifférence habite rarement le maltraité. Il peut sembler se résigner, mais il ne sera jamais entièrement détaché. Il ne s'agira que d'une apparence trompeuse et, sans aucun doute, d'un mécanisme de survie.

Les châtiments et les sévices corporels ne sont pas les seuls à causer des ravages. La violence verbale peut aussi détruire un enfant. Les propos dégradants, les critiques insultantes et abaissantes

– ces sempiternelles insultes qui creusent des sillons indélébiles dans l'âme et dans le cœur du jeune – sont autant de comportements intolérables et inadmissibles envers l'enfant. Ils entament sérieusement, et peut-être pour très longtemps, son estime personnelle.

« Certains parents abusifs verbalement ne se préoccupent pas de se cacher derrière la rationalisation. Au lieu de cela, ils bombardent leurs enfants d'insultes cruelles, de sermons, d'accusations et de noms dégradants. Ces parents n'ont absolument aucune conscience du mal qu'ils font et des dommages durables qu'ils causent. Des abus verbaux si flagrants peuvent marquer l'estime de soi d'un enfant comme un fer rouge, laissant de profondes cicatrices psychologiques[9]. »

Vous avez certainement entendu cette phrase d'André Maurois : « Les abus de la liberté tueront toujours la liberté. » Une discipline saine aide l'enfant à développer son estime personnelle, car il évolue dans un cadre qui lui permet de vérifier ses limites. À l'occasion de ses jeux et activités, il prend des décisions, en omet d'autres, revient sur ses choix, etc. En fin de compte, ce sont les

---

9. Susan Forward, *Parents toxiques : Comment échapper à leur emprise*, en collaboration avec Craig Buck, préface de Danielle Rapoport, traduit par Isabelle Morel, Paris, Marabout, 2000 (1991), p. 122.

résultats concrets de ses options et de ses actions qui lui permettront de s'adapter et de les redéfinir plus adéquatement à l'avenir. Si votre enfant est désorganisé, tourmenté, ou qu'il semble vivre sur une autre planète, vous êtes totalement responsable de lui venir en aide.

C'est au sein de la famille que l'enfant retrouve son équilibre, mais c'est également dans ce milieu qu'il pourrait le perdre et ne jamais le retrouver. Le parent doit répondre expressément à ses besoins, qu'il soit séparé ou non, malheureux ou non, joyeux ou non, en évaluant avec prudence les besoins. Il n'est pas question non plus de faire d'un enfant un enfant-roi.

« Entre la discipline à outrance et l'absence totale de ligne de conduite, il existe un juste milieu. Le parent qui, en accompagnant son enfant dans ses activités, n'impose pas de limites raisonnables à ses désirs ou le laisse constamment suivre ses impulsions, se prépare des moments très pénibles et même dramatiques, sinon à la fin de l'enfance, du moins au cours de l'adolescence[10]. »

---

10. Dr Pierre Foucault, *Surveiller son enfant: Une porte ouverte sur l'attachement*, Outremont, Éditions Logiques, 2006, p. 77.

LES DIX COMMANDEMENTS POUR LE PARENTAGE D'UN ADO

1. Utilisez moins de mots et faites des phrases plus courtes. Plus vous parlez, moins il vous écoute.
2. Ne vous répétez pas. Ne vous répétez pas. Ne vous répétez pas. (C'est très agaçant.)
3. Parlez moins fort. Plus vous criez, moins il entend.
4. Gardez les bras le long du corps, surtout si votre ado est agité. Si vous lui brandissez une main sous le nez, vous le provoquez. Ne l'envahissez jamais, ni physiquement ni verbalement.
5. Parlez au «je». Dites ce que vous ressentez au lieu de critiquer ses comportements. Dites-lui que vous avez eu beaucoup de peine qu'il soit méchant envers sa sœur au lieu de l'accuser.
6. Ordonnez vos pensées avant d'ouvrir la bouche. L'art de communiquer avec un ado est très exigeant. Avant de parler, corrigez votre brouillon mental. Ainsi que le disait l'horoscope d'un beignet (biscuit) chinois: «Ouvre ton cerveau avant d'aborder des questions délicates.»

7. Sachez apprécier l'état d'esprit de votre ado avant d'aborder justement ces questions délicates. Ce n'est pas le lundi matin à 7 heures qu'il convient de parler de ses insuccès scolaires. Dans le domaine de la communication adolescente, le choix du moment est d'une importance capitale.
8. N'essayez pas de tout dire en une seule fois. Faites une pause aussi souvent que vous sentez monter la tension. Si vous vous échauffez, vous ne réglerez rien. N'hésitez pas à dire : « On reparlera de ça demain. »
9. Laissez votre ado se calmer de temps à autre en quittant la pièce. Il peut avoir l'air de vous lancer un défi, mais si c'était une façon pour lui de recouvrer son sang-froid ? Dites-lui qu'il peut prendre ses distances à la condition que vous repreniez votre conversation plus tard.
10. Ne lui donnez pas d'ultimatum à moins que ce ne soit absolument nécessaire. Pour un ado, l'ultimatum est un défi, qu'il doit à tout prix relever. Si l'envie vous prend de lui donner un ultimatum, il est temps de faire une pause[11].

---

11. Michael J. Bradley, *Mon ado me rend fou ! : Comment aimer vos enfants sans perdre la raison*, Montréal, Les Éditions de l'Homme, 2004, pp. 201-202.

Discipline : conflit avec l'autre parent ?

Nous sommes tous des individus uniques avec un bagage particulier. Notre manière d'élever et de discipliner l'enfant, de l'encourager dans une voie saine et sécuritaire pour lui et son avenir, diffère de l'un à l'autre. Il demeure donc important d'amorcer un dialogue avec son partenaire afin d'évaluer laquelle stratégie est la meilleure pour aider son enfant à grandir dans la bonne voie. « Toutes les grandes personnes ont d'abord été des enfants, mais peu d'entre elles s'en souviennent », de dire Antoine de Saint-Exupéry. Encore faut-il s'en souvenir...

Moyens d'aider le jeune dans sa tempête intérieure

- Écoutez, écoutez, et écoutez ce que l'enfant a à vous dire ;
- Avisez-le des conséquences des gestes qu'il s'apprête à faire ;
- Évitez de lui donner des ordres et des réprimandes, mais essayez de l'amener à comprendre son comportement ;
- Conseillez-le dans la résolution de ses problèmes, mais ne vous imposez pas ;
- Ne prêchez pas, mais démontrez par l'exemple ;

- Complimentez-le pour ses bons actes avant de lui faire une évaluation des points moins forts ;
- Terminez toujours votre conversation par un point positif et des encouragements ;
- Évitez toute forme de ridiculisation et d'avilissement ;
- Ne jouez pas au psychologue avec lui. Soyez vous-même, avec vos failles et vos faiblesses ;
- Soyez un bon parent : rassurant, qui offre son soutien en étant juste et ferme.

« Tout adulte qui s'interpelle sait que le meilleur de lui-même n'a pu germer que par l'intermédiaire de médiations relationnelles telles que l'affection portée à son égard, le respect de sa personnalité, l'écoute de ses demandes, la transmission de ses valeurs clairement énoncées et témoignées, le soutien dans les moments difficiles, la continuité des personnes significatives, une autorité ferme et dosée, l'enracinement auprès d'êtres humains capables autant de donner que de recevoir. Sans cette enveloppe à la fois protectrice et stimulante, il serait resté un être dévalorisé, soumis à l'anarchie de ses pulsions, incapable d'aimer et d'échanger[12]. »

---

12. Michel Lemay, *Une juste place pour tous les enfants : Plaidoyer*

Il est toujours important de vérifier l'état dans lequel se trouve un jeune. Car une réaction inappropriée à une situation dans laquelle il est malheureux ou agité ne peut amener de résultats concrets. Mieux vaut examiner ce qui l'a mis dans un état d'agressivité, de colère ou autre, afin de mieux intervenir. Si le système de récompenses amène une réponse positive chez lui et l'incite à une action plus respectueuse et adéquate, alors on doit privilégier cette méthode avant tout. Si elle suscite davantage d'angoisse, mieux vaut procéder différemment, tout en se rappelant que les mots aimants ont un pouvoir important dans l'enclenchement d'un nouveau comportement, même si le jeune fait semblant de ne pas les entendre. Patience, générosité, ouverture de cœur et, quand il le faut, un ton plus affirmatif, mais surtout pas de violence, sont des pistes de solutions majeures et nécessaires.

Bien entendu, avec des jeunes atteints de troubles neurologiques, le discernement est de mise. Des approches plus particulières pour les aider à adopter des attitudes plus conscientes et à se maîtriser davantage sont à discuter avec un intervenant ou un médecin spécialisé en la matière. Le médecin et le psychologue sont de

---

pour l'action, Montréal, Éditions du CHU Sainte-Justine, 2004, p. 23.

grands recours dans ces cas-là. L'important à retenir, c'est que nos jeunes ont le droit d'être bien dirigés dans la vie : fermement, en douceur et intelligemment, mais avec l'ouverture du cœur.

Il faut certes nous rappeler que, dans sa quête identitaire, l'adolescent peut aussi vivre une belle adaptation, se sentir bien dans son environnement, grâce aux liens tissés avec ses proches. « Toutefois, laissés à eux-mêmes dans l'illusion de pouvoir tout contrôler ou, au contraire, brimés dans leur besoin d'affirmation et d'autonomie, les jeunes risquent de vivre l'adolescence comme une véritable traversée du désert. Ils risquent même de s'y perdre. La santé mentale d'un jeune peut être compromise par le vécu d'une détresse psychologique, par un traumatisme ou même un événement de vie (une rupture amoureuse ou le divorce de ses parents, par exemple), sans que l'on parle nécessairement de maladie mentale avec diagnostic psychiatrique. Il importe donc de pouvoir reconnaître les signes d'un jeune en détresse, afin d'être en mesure d'intervenir adéquatement et de le référer au professionnel compétent[13]. »

La solitude est le leitmotiv de la puberté. Les journaux intimes regorgent de pensées de ce type : « Personne ne me comprend. Quelqu'un ne s'est-

---

13. <http://www.cmha.ca/mavie/intro.htm>

il jamais senti aussi seul que moi[14] ? » Selon le Dr Bernard Lievegoed, l'incertitude si caractéristique à l'adolescence serait liée à l'expérience de la solitude. « Elle est encore et toujours un trait capital de ce que vit le jeune et elle possède une force destructrice certaine. Elle peut être vaincue par moments lorsque le jeune retourne aux illusions du monde de l'enfance, mais celui-ci lui échappe peu à peu et il est obligé de trouver d'autres moyens de combattre le vide noir de son âme[15]. »

En présence d'un jeune anxieux, il faut garder à l'esprit qu'il vit une période de changement et d'adaptation, et que cette crise, surnommée « la bête noire » par les psychologues de l'enfance, est en fait un processus *normal* de changement et de maturation physique et psychologique.

Nous vous offrons en guise de conclusion de ce chapitre ces mots de Judy Ford, débordants de sensibilité envers les adolescents : « Chaque décision entraîne des conséquences, et cela vaut tant pour vous-même que pour vos adolescents. Votre responsabilité parentale consiste à les renseigner sur leurs choix, à leur présenter les options qui s'offrent à eux et à leur signaler les conséquences

---

14. Dr Bernard Lievegoed, *Phases de l'enfance*, Chatou, Les Trois Arches, 1993, p. 103.
15. *Ibidem.*

qui en découlent. Usez de la manière douce pour les inciter à réfléchir avant d'agir et consentez de bon cœur à ce qu'ils fassent eux-mêmes leurs propres choix. Si vous agissez avec humour et sensibilité, vous vous acquittez très bien de votre tâche[16]. »

---

16. Judy Ford, *Les Merveilleuses Façons d'aimer son ado*, Montréal, Modus Vivendi, 1996, p. 168.

7

Estime personnelle et confiance en soi : les premiers pas

« Si vous avez confiance en vous-même,
vous inspirerez confiance aux autres. »

JOHANN WOLFGANG VON GOETHE, EXTRAIT DE *FAUST*

Bâtir la confiance d'un être humain commence dès la naissance, et c'est grâce à nos paroles et à nos mots que l'enfant érigera le système de croyances qui déterminera son degré de confiance en lui-même à venir.

C'est donc par le biais de ce que nous sommes et de ce que nous disons, au moyen de l'éducation, qu'un enfant découvrira qu'il possède la capacité de procéder aux ultimes tests d'essais-erreurs, dans la vie, et que des résultats récompenseront toujours ses efforts, d'une manière ou d'une autre. Il n'existe pas d'école pour les parents qui permettrait d'acquérir des connaissances et des outils favorisant l'accomplissement du nouveau rôle qui les attend. Trouver ou retrouver sa confiance personnelle et parentale, dans l'effervescence de l'arrivée d'un enfant, peut se révéler un exercice difficile à accomplir. Le poupon, lui, passe d'un milieu aquatique à aérien, rempli de milliers de stimuli, tandis que les parents quittent une réalité personnelle et sociale libre, pour endosser celle qui la lie étroitement à un bébé. Cette nouvelle vie entraîne son lot de compromis et de concessions, de compréhension et d'adaptation.

L'estime de soi, surtout mitigée, peut s'avérer un obstacle aux premiers balbutiements relationnels avec l'enfant, qui pourrait déterminer un adolescent au risque anxiogène plus élevé. L'estime de soi exige d'abord de la développer, pour ensuite en transmettre un peu au poupon. Car de la dépendance absolue à la mère (pour sa survie physique et psychique) jusqu'à son autonomie adulte, le poupon acquerra peu à peu un regard sur lui-même qui définira sa ligne de conduite envers lui-même, son entourage et finalement la société. Ce regard sera plus ou moins d'égale valeur à celui que l'on aura posé sur lui durant les premiers jours, les premières semaines, les premiers mois, voire les premières années de sa vie. D'où l'importance de l'accueil... Eh oui ! Nous y revenons. Toujours. Et sans cesse.

Pour mieux comprendre l'importance de l'estime personnelle, établissons une distinction entre elle et la confiance en soi. L'estime personnelle représente la valeur que l'on s'attribue et la dignité qui en découle. Quel est notre degré d'amour envers nous-même (et nous ne parlons pas de valeur narcissique au premier degré ici, bien sûr) ?

L'estime de soi va main dans la main avec l'amour de soi. Ce dernier en est la base, la clef. Pour déterminer l'amour que nous nous portons, il faut être en mesure de se connaître, de se choisir, de se respecter et d'accepter ses besoins autant que ses limites. L'*estime* de soi diverge de l'*image* de soi qui, elle, se reporte à tout un mode de croyances et de perceptions sur notre vision de nous-même et celle que nous prêtons aux autres sur nous. Même après avoir développé une bonne estime personnelle, il peut encore arriver, certains jours, que la vie bouscule nos assises et nous demande de réinterpréter nos valeurs. Cela ne change en rien les bases de notre estime personnelle. Ces circonstances ne font que la réévaluer, l'affiner ou la renforcer.

Le développement de l'estime de soi peut varier énormément selon le tempérament de l'enfant : difficile, facile ou lent à réagir. Une estime personnelle bien constituée à partir de l'enfance est difficilement ébranlable lors d'événements traumatisants. Elle peut chanceler temporairement, mais elle tiendra le coup. Une personne pourra même se forger une estime toujours plus forte grâce à une constante réévaluation de ses valeurs et du respect qu'elle se porte. Toutefois, une estime personnelle mal établie à la ligne de départ risque d'être réduite à néant au fil des ans, à moins qu'on ne la renforce. Elle peut même conduire à des gestes destructifs, comme la prise de drogue et d'alcool, ou pire encore, à la tentative de suicide ou au suicide. Elle peut également entraîner des actions offensantes envers les autres : violence, abus, agression, etc.

La confiance en soi, quant à elle, représente non pas les valeurs, la dignité et le respect, mais *l'assurance que l'on possède en soi.* Elle implique que nous ayons les atouts et les ressources nécessaires pour faire face à toute situation positive ou négative. Elle nous permet de prendre des risques, d'oser, de ne pas nous sentir trop vulnérables aux rejets et aux jugements potentiels, et d'avancer sur la route de l'apprentissage. La confiance en soi est intimement imbriquée dans l'estime personnelle et agit particulièrement dans les sphères intimes et sociales de notre vie.

Certes, apprendre à s'aimer n'est pas une sinécure quand l'estime de soi frôle la barre du zéro. Difficile d'envoyer vers nos petits et nos adolescents les semences de la confiance et de l'estime de soi, lorsque dans notre jardin, les mauvaises herbes du dégoût et de la honte de soi-même poussent à profusion. Ces fameuses herbes font leur apparition durant l'enfance. Ce qui s'est passé dans les premières années de notre vie détermine ce que nous sommes. Malheureusement, nos parents ou les personnes s'occupant de nous n'avaient pas tous confiance en eux ou ne possédaient peut-être pas l'équilibre psychologique indispensable pour nous guider sur le sentier de la vie. Difficile, alors, d'en recevoir un héritage solide.

Puisque nos valeurs personnelles s'élaborent en partant du regard du parent (ou de la personne significative) sur nous, les conséquences sur le développement peuvent être très lourdes (nous y avons fait grandement référence) s'il est inexistant, trop souvent accusateur ou indifférent. Le phénomène vaut aussi pour les enfants adoptés ou en famille d'accueil. La responsabilité de la personne qui veille à leur bien-être est capitale.

Un retour sur soi, non complaisant, est primordial ; par le biais de l'écriture d'un journal, d'une autobiographie, de conversations sincères avec un bon ami, etc. Pour certaines personnes, les souffrances sont profondément ancrées dans des situations terribles vécues au cours de l'enfance et refoulées profondément. Qu'il s'agisse de maltraitance, de sévices sexuels ou d'abus psychologiques, ces expériences sabotent le droit à une vie tranquille, car les victimes sont marquées par des blessures que le temps guérit difficilement. Les douleurs encore trop vives, ainsi que les cicatrices au cœur, au corps et à l'âme, ramènent sans cesse (consciemment ou non) un passé qui empêche l'individu de se reconnaître en tant que personne entière. Un peu comme le sillage sur l'eau, il suit sa vie, sans vraiment embarquer dans son propre bateau.

Cela dit, doit-il demeurer en marge de sa vie, tel un fantôme ne pouvant réintégrer entièrement son corps émotionnel, mental et physique ? Pour ceux et celles qui en ont le temps et les moyens financiers, entreprendre une psychothérapie ou une psychanalyse permet de retrouver les racines profondes des conflits psychiques qui empêchent de reconnaître sa véritable valeur. Inévitablement, cette petite révolution intérieure conduira une personne à devenir elle-même une adulte, c'est-à-dire un être ayant acquis une maturité affective, émotionnelle et psychologique.

Si les blessures de l'enfance, de l'adolescence et de la vie adulte sont moindres pour certains, les affronter permet éventuellement de retrouver une parcelle, sinon l'intégrité, de sa personne. C'est de cette base que nous pouvons transmettre les premiers effluves d'estime personnelle à nos enfants, leur donner le souffle de la confiance en eux-mêmes.

Nous serons toujours des êtres avec des forces et des faiblesses. La perfection absolue n'existe pas en ce monde, et qui la voudrait de toute façon? Nous nous mesurerons toujours à des dynamiques de changement et devrons toujours choisir entre le calme et l'agitation, entre le conflit et l'amour. Parfois, ces choix ne seront pas évidents et nous nous laisserons davantage emporter dans des guerres de tranchées, plutôt que dans la résolution pacifique des problèmes. Apprendre à s'aimer, c'est accepter de changer nos attitudes et nos visions de vie. Par le fait même, les autres nous percevront avec un regard nouveau. «Le véritable voyage de découverte ne consiste pas à chercher de nouveaux paysages, mais à avoir de nouveaux yeux», dit Marcel Proust.

D'autres enfants ne l'ont pas plus facile. Prenons les enfants qui souffrent du trouble déficitaire de l'attention avec hyperactivité (TDAH). Ils souffrent d'une anomalie neurobiologique qui interfère dans le maintien de leur attention, les empêche de se concentrer sur une tâche. Bien sûr, ils ne sont pas enclins à développer leur estime personnelle, ce qui ne les aidera sûrement pas au moment d'embrasser l'adolescence. Leur impulsivité leur attirera beaucoup d'ennuis.

« Une des pires conséquences du TDAH est le coup porté à l'estime de soi, qu'on peut mesurer entre autres par la façon dont l'enfant parle de lui-même. S'il dit qu'il n'est pas bon, qu'il est "poche", "niaiseux", etc., c'est qu'il a une faible estime de lui-même. Or, des enfants ayant une faible estime de soi risquent d'adopter des comportements qui mettent leur santé, et même leur vie, en danger. Il faut aussi souvent travailler à améliorer l'opinion que les parents ont de leur enfant[1]. »

Peu importe le trouble de votre jeune, il est sans contredit important - même si vous n'avez pas encore travaillé ce point avec lui - de l'amener à développer son estime personnelle. Toutefois, il serait bon de consulter un intervenant en santé mentale si son comportement est déviant, son humeur changeante, chagrine, belliqueuse ou irritable, si ses émotions sont violentes et trop intenses, si sa perception de la réalité est modifiée et que son fonctionnement est erratique et

1. Dr Guy Falardeau, avec la collaboration d'Alain Caron, *L'Enfant impulsif*, Montréal, Les Éditions de l'Homme, 2006, p. 50.

chaotique. Il peut s'agir d'une maladie qui aura des répercussions plus graves sur lui et sur son entourage. Ces professionnels sauront reconnaître la gravité des symptômes, prononcer le bon diagnostic et intervenir de manière adéquate pour soigner le jeune.

En tenant compte de son tempérament, de sa motivation, du climat et de l'encadrement de son entourage, un jeune peut développer des compétences et apprendre à se valoriser à ses yeux et auprès de ses pairs.

Il est certain que des échecs scolaires consécutifs liés à des problèmes d'autorité avec le professeur, à un environnement familial et social pauvre, à une communication déficiente où des phrases incisives des parents (« tu ne feras jamais rien de bon dans la vie », « tu es une cause perdue », etc.) servent d'éléments de base à une éventuelle perte d'estime personnelle.

Le regard que l'adulte renvoie à l'adolescent déjà perturbé par une quête identitaire parfois difficile, peut signer le début d'un problème majeur. Le début ? Sans doute pas. Car le rapport entre les parents et l'enfant débute à la naissance. Un long processus se met en place durant la période féconde du développement de l'enfant jusqu'au moment où il atteindra l'autonomie autant affective que physique adulte. Mais entre les deux, il y a l'adolescence. Ce n'est que par le regard de l'autre, par sa façon d'entrer en relation avec autrui et de composer avec les réactions qu'il lui oppose, que le ou la jeune apprendra à se connaître et à se définir en tant qu'individu.

« L'enfant lit très tôt dans le regard de ses parents les sentiments qu'il leur inspire. Leur amour inconditionnel et stable, lui permet d'intérioriser que sa valeur représente une donnée stable relativement indépendante des notions d'échec et de réussite. À partir de 5 ans, l'enfant prend conscience d'avoir une pensée singulière. Puis il devient progressivement capable de se représenter et d'adopter d'autres points de vue que le sien. Ce développement de la cognition sociale se fait notamment en fonction d'une bonne estime de soi. L'adolescent doit choisir de nouveaux objets d'amour, mais aussi se choisir lui-même en tant qu'objet d'intérêt, de respect et d'estime (établissement du narcissisme adulte)[2]. »

Il faut satisfaire les besoins fondamentaux de l'enfant pour former un adolescent aux assises solides. La pyramide de Maslow (Abraham Maslow est un psychologue américain) illustre la

2. Jean-Pierre Gourdol, « Renforcer l'estime de soi des jeunes », Rhône Écho santé (lettre trimestrielle de l'Association départementale d'éducation pour la santé 69), dossier spécial, n° 35, octobre 2007, p. 4.

hiérarchie des besoins (des niveaux 1 à 5) qui, en fait, s'entrelacent pour permettre une croissance optimale. C'est par la reconnaissance et son sentiment d'appartenance que le ou la jeune parviendra à développer une estime personnelle qui lui permettra de mieux habiter son corps et sa vie en interrelation avec les autres.

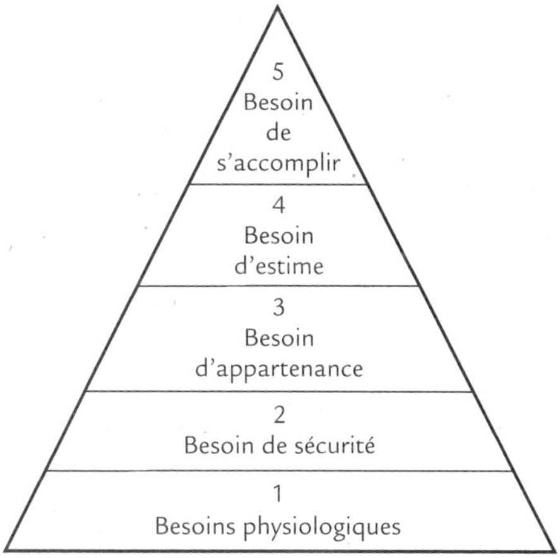

À l'histoire de l'évolution de l'enfant vers l'adolescent, s'ajoutent ces références au monde en vertu de sa vision intérieure et de sa compréhension de celui-ci. Si un enfant se sent peu désirable, peu aimé, peu accepté, intimidé, menacé, non protégé, s'il entend à longueur de journée des invectives et subit des mauvais traitements, s'il doit toujours être sur la défensive en présence de ses parents ou d'un tuteur, il y a fort à parier qu'il développera un langage gestuel et comportemental lui permettant de contrer les mauvais sentiments éveillés en lui. Cela influera automatiquement sur sa capacité de développer une estime personnelle, et son adolescence pourrait se développer de manière plus ou moins tumultueuse.

Lorsque la confiance du jeune s'est effondrée, il ne sert à rien de vociférer et de tourner le couteau dans la plaie. Il devient alors un étranger à lui-même, il évite l'autre ou bien le rencontre dans la violence et l'agressivité. D'autres jeunes s'isolent simplement, s'emmurent dans un silence et adoptent des mesures instinctives pour se protéger.

Il faut comprendre que l'estime de soi n'est pas statique. Elle se meut au fil des années, selon les expériences de vie. Toutefois, une base solide, liée à la période d'attachement (un héritage des plus importants), est essentielle pour que l'estime ne s'effondre pas à la moindre épreuve. L'adolescent, un être plus vulnérable, a ses fragilités, ses mésestimes, ses talents, ses forces et ses faiblesses. Un soutien à la fonction parentale ou au substitut devient nécessaire quand il est clair que le rapport avec l'adolescent est déficient et que cet état de fait pourrait nuire largement au développement de son estime personnelle. Les parents ont également besoin de soutien, d'écoute et d'encadrement pour offrir les meilleures conditions à leur jeune.

Pour que le jeune ait confiance en lui, en nous et en la société, il NOUS faut avoir confiance en lui. Et cela implique une part de responsabilité importante des enseignants vis-à-vis de leurs élèves. Les enseignants en formation devraient tous recevoir, dans leurs cours de pédagogie, un enseignement sur l'art de bien évaluer un jeune et de l'amener à trouver, retrouver ou renforcer sa valeur personnelle. Les professeurs sont là pour donner une chance - à TOUS leurs élèves - de franchir le seuil des connaissances dans le respect et la dignité.

En travaillant sur leurs valeurs et en favorisant le développement de leurs responsabilités, en leur offrant de multiples expériences et différents apprentissages de vie, en établissant des règles simples et conséquentes à observer, un jeune apprend à se faire confiance et à bâtir son amour-propre. Peu à peu, il devient autonome, s'affirme et, le moment venu, il pourra voler de ses propres ailes, sans avoir à partir avant l'âge en claquant la porte.

Même si les parents, autant la mère que le père, vivent inévitablement le syndrome du nid vide au départ de leurs enfants (surtout le dernier à quitter), il ne faut pas les attacher au passé, à la maison ou à nous-mêmes, car ce serait une très grande entrave à leur envol. C'est dans cette vie qui s'ouvre à eux qu'ils testeront leurs ailes et la solidité de leur estime personnelle, qu'ils mettront à profit les enseignements reçus durant la petite enfance, l'enfance et l'adolescence.

Si le jeune éprouve de grandes difficultés à reconnaître sa valeur, à répondre à ses besoins, à se faire reconnaître auprès de ses pairs, à s'estimer malgré l'adversité, à développer ses compétences et ses talents ainsi qu'à prendre des initiatives qui lui permettraient d'aller de l'avant, il est important d'être à son écoute, de parler, d'échanger sur ses difficultés, dans la mesure où il est disponible pour un tel partage. Si le conflit intérieur est trop grand pour lui, pour vous, pour la direction de l'école et les enseignants, on doit le diriger vers un psychoéducateur de son milieu scolaire ou vers des intervenants externes qui l'aiguilleront sur la bonne voie, qu'il redoute peut-être pour de multiples raisons. Malgré ses airs bourrus et ses revendications véhémentes, il cherche et cherchera toujours la paix de l'esprit. Certains ont juste besoin d'un peu plus d'encadrement dans cette quête. D'autres, par contre, ont subi de profonds traumatismes qui nécessitent des investigations.

TRAUMATISMES POUVANT AFFECTER LE DÉVELOPPEMENT NORMAL D'UN JEUNE ET ALTÉRER SA SANTÉ MENTALE[3]

- Absence de communication intergénérationnelle ;
- Absence de figures significatives ;
- Autonomie précoce ou pseudo-autonomie ;
- Déménagements multiples ;
- Expériences d'abus ou de violences ;
- Expériences de séparations prolongées (deuil, divorce, etc.) ;
- Placements nombreux ;
- Problèmes familiaux ;
- Troubles de santé mentale chez un parent ou dans la famille immédiate.

Si l'un ou l'autre de ces traumatismes a affecté un jeune de manière importante, il est crucial de ne pas laisser la situation se dégrader. Il faut consulter un spécialiste de la jeunesse. Tout jeune a droit à ses objectifs positifs et à sa chance de venir à bout des peurs, des craintes, des doutes et des blessures qui l'emprisonnent et qui lui font figure de carcans.

3. <http://www.acsmmontreal.qc.ca/jeunes/index.html>

Le prochain chapitre indique comment aider les adolescents anxieux à retrouver une tranquillité d'esprit grâce à certaines thérapies. Ils ont besoin d'un rythme de vie respectueux de leurs limites, de continuité dans la présence, de chaleur et de protection, mais aussi, il leur faut vivre et expérimenter sans toujours supporter notre regard critique. Donnons-leur des outils, amenons-les graduellement dans la bonne direction et laissons-les faire leurs expériences à leur rythme.

8

Différentes approches thérapeutiques et globales pour aider l'adolescent anxieux

« Il y a un apaisement au fond de toute grande impuissance. »

MARGUERITE YOURCENAR

Après avoir compris l'anxiété, analysé différentes informations sur le développement de l'enfant et de l'adolescent, et mieux saisi la dynamique intérieure et les passages parfois houleux de ces périodes (physiologique, psychologique, familiale et psychosociale), nous abordons la dernière étape, celle de l'intervention.

Il existe différentes formes efficaces de thérapie pour aider les jeunes à atteindre leurs objectifs (conscients ou non) de mieux-être. Nous aborderons les quatre principales approches (sans minimiser l'impact des autres) et offrirons, en plus, des méthodes globales pour mobiliser les forces intérieures de l'adolescent anxieux.

Les thérapies comportementales et cognitives (TCC) sont habituellement les approches privilégiées en raison de leur succès à court terme, de leur efficacité « plus rapide ». La psychothérapie cognitive, développée par le psychiatre américain Aaron Temkin Beck, a pour but de comprendre les pensées (cognitions) et les croyances qui empêchent une personne d'adopter une réponse émotionnelle ou un comportement adéquat lors d'une situation précise, habituellement négative.

Les pensées « fautives » communément appelées « toxiques », jouent un rôle majeur dans l'interprétation de l'environnement d'une personne et de ses expériences vécues. Le sens que celle-ci donnera à un événement, à une situation, déterminera sa réponse, tandis que ses émotions et ses états physiologiques établiront ses cognitions.

La psychothérapie cognitivo-comportementale traite bien souvent avec succès les phobies, les dépendances, les psychoses, les dépressions et les troubles anxieux. Pour un adolescent qui a de la difficulté à rester assis sur une chaise plus de 10 minutes, une thérapie brève entraîne souvent des effets non négligeables, car il peut traverser sa zone d'inconfort sans s'attarder à la cause de son trouble anxieux. Par des mises en situation, des exercices particuliers et des expositions graduelles aux situations provoquant une anxiété, les jeunes anxieux ont vu leurs nombreux efforts couronnés de succès.

Toutefois, vu la courte durée de cette thérapie – qui ne cherche pas en profondeur le lien entre leurs pensées et leurs émotions ainsi que leurs effets –, il est fort possible que l'anxiété ressurgisse dans d'autres sphères et moments de leur vie. La cause fondamentale du problème n'a pas été résolue, même si l'adolescent respire plus librement. Par contre, le but à court terme est atteint, c'est-à-dire la disparition du symptôme et de ses conséquences sur son comportement.

La méthode behavioriste, surnommée *apprentissage social*, cherche ultimement à modifier le comportement. Qui n'a pas entendu parler de cette fameuse expérience d'Ivan Pavlov, médecin russe, effectuée au cours des années 1890 ? Ses recherches sur la salivation des chiens lui ont fait remarquer que ces derniers, avant même l'obtention de leur ration de nourriture, se mettent à saliver : en apercevant la personne qui les nourrit, en flairant l'odeur de la nourriture ou en la voyant dans leur bol. Pour Pavlov, un tel comportement représente la base de l'apprentissage du comportement humain ; il lui donna le nom de « réflexe conditionnel» (conditionné, selon les sources); il élabora toute une théorie sur le concept du conditionnement répondant, ainsi nommé par Burrhus Frederic Skinner, psychologue américain influencé par les travaux de Pavlov.

Évidemment, l'expérience de Pavlov ne se termine pas sur la constatation que les chiens salivent (RI - réponse inconditionnelle) à la vue (etc.) de la nourriture (SI - stimulus inconditionnel). Lors d'une deuxième expérience, il fait tinter une cloche (SN - stimulus neutre) chaque fois qu'il s'apprête à lui donner son repas. Avec le temps, l'expérience démontre que désormais le chien salive (RC - réponse conditionnée) dès qu'il entend sonner la cloche (SN devenu SC - stimulus conditionnel) même si, parfois, on ne lui offre pas son bol de victuailles.

Selon Skinner, le concept du comportement est une réponse à l'environnement qui motive les réactions subséquentes. La représentation interne (pensée, sensation, émotion) est importante pour lui ainsi que les comportements moteur et verbal. Les interventions de ce type misent davantage sur un changement de comportement.

Bien sûr, il s'agit d'une autre thérapie brève, d'une intervention déterminée dans le temps qui permet d'influencer la réalité d'un trouble actuel. Cette forme de thérapie est très utilisée pour les jeunes qui souffrent d'anxiété. Du coup, elle permet à l'adolescent aux prises avec un trouble anxieux, d'acquérir et de maîtriser des comportements qui lui permettront d'avoir des réponses plus adéquates à son environnement.

TRAITEMENT DES PHOBIES

Il existe plusieurs techniques comportementales afin de traiter les phobies qui peuvent, entre autres, être le résultat d'un conditionnement classique. Soit :

- Le contre-conditionnement : Il est possible d'associer progressivement un stimulus conditionnel (SC) (déclenchant une réponse conditionnelle (RC)) à un nouveau stimulus déclenchant une réponse incompatible ou opposée à cette réponse conditionnelle (RC).
- Désensibilisation systématique : Faire disparaître graduellement la réponse conditionnelle (RC) de peur en présentant, au rythme de la personne, des représentations du stimulus conditionnel (SC), de la moins phobique à la plus phobique.
- Immersion : Il s'agit d'affronter directement le stimulus conditionnel (SC)[1].

1. <http://fr.wikipedia.org/wiki/Conditionnement_classique>

CONDITIONNEMENT CLASSIQUE SELON PAVLOV[2]

Avant condition-nement		 Stimulus inconditionnel	 Réponse incondi-tionnelle
		 Stimulus neutre	 Pas de réponse
Au début du condition-nement	 Stimulus neutre	 Stimulus inconditionnel	 Réponse incondi-tionnelle
Après condition-nement	 Stimulus conditionnel	 Réponse conditionnelle	 Stimulus incondi-tionnel

L'approche systémique, pour sa part, accorde beaucoup d'importance à l'environnement. Elle est une continuation de la science de la cybernétique qui, à la moitié du 20e siècle, s'intéressait à la communication et la théorie des systèmes.

2. <http://www.vetopsy.fr/thera/app/cond_clas1.php>

L'approche systémique (dont l'un des grands contributeurs fut l'anthropologue Gregory Bateson) stipule que l'individu se situe dans des systèmes différents, dont il ne faut surtout pas négliger l'importance, ni l'influence des uns sur les autres. Une personne subit autant l'influence de son milieu familial, scolaire et social que de ses processus internes, de ses intentions, de ses règles de vie et de celles des autres, ainsi que de ses rétroactions et des possibilités du milieu ou du système. Par exemple, un changement au sein de la famille peut occasionner des changements chez chacun de ses membres.

On prétend que *le tout est plus grand que la somme de ses parties*; ce qui, d'un premier abord, peut sembler totalement illogique. Pourtant, le mélange d'une molécule de chlore (hautement toxique) à une molécule de sodium (hautement toxique) donne du chlorure de sodium (sel de table), composé comestible. Tout système est basé sur l'homéostasie et l'équilibre entre ses parties. Il en est ainsi de l'approche systémique. La communication dans une famille, la congruence, le niveau d'implication, la flexibilité des rôles, etc., rendent un système familial sain ou malsain.

L'adolescent anxieux ne sera donc pas vu seulement sous l'angle de l'individu, mais en relation avec tout son environnement. La communication dans son milieu de vie est-elle adéquate ? La famille est-elle engagée, souple ? Existe-t-il une harmonie entre ses membres ? Les rôles sont-ils définis, les règles établies et les frontières délimitées ? Qu'est-ce qui domine ? Le stress, la colère, la confusion, le désengagement, l'éclatement, les conflits fraternels ou parentaux ? La joie, l'entraide, l'écoute, l'engagement, la responsabilisation ? Grâce au recadrage, à la compréhension de l'histoire familiale sur plusieurs générations (grâce à l'outil appelé génogramme), à l'information circulaire au sein de la famille et à l'intervention centrée sur le système familial plutôt que sur le comportement strictement individuel, il y a rééquilibrage du milieu dans lequel le jeune se meut et, du coup, amélioration quant à son trouble anxieux.

La dernière psychothérapie, et non la moindre, est l'approche psychodynamique. Puisqu'il s'agit d'une thérapie à long terme, elle est plus rarement utilisée : seulement à l'occasion et de manière beaucoup plus brève qu'à l'accoutumée. Par contre, il ne faut surtout pas jeter le bébé avec l'eau du bain. Elle peut, dans certains cas, se révéler d'une très grande utilité, puisqu'elle ne s'intéresse pas qu'à l'histoire du jeune ou à une libération rapide de son mal, mais permet de fouiller en profondeur, dans sa psyché, les causes l'ayant conduit à son malaise.

L'approche psychodynamique a ses racines dans la psychanalyse, discipline instaurée par Sigmund Freud. « Dynamique » en grec signifie « force ». Cette démarche étudie donc la variation des forces inconscientes, chez un sujet, qui le mène dans des lieux inconfortables. Selon cette théorie (basée sur la parole), toute difficulté provient de conflits irrésolus de l'enfance. La méthode analytique dite *classique* permet, grâce au discours faisant appel à la libre association (émergence, dans la conscience, des contenus refoulés inconscients), d'aller dans les profondeurs de la psyché afin de déterrer et de dénouer les conflits qui empêchent une personne (dans le cas qui nous concerne, l'adolescent) de mieux vivre.

« La fonction de l'analyste n'est ni de suggérer, ni de guider, ni même de servir de modèle. Elle est la fonction d'être celui à qui le discours s'adresse. L'analyste devient donc un lieu de projection du dire inconscient du sujet. C'est en reconstituant son histoire oblitérée par le refoulement que le sujet retrouve le mouvement de son désir et l'énergie qu'il mobilisait jusque-là pour faire face à ses conflits refoulés ou intériorisés[3]. »

---

3. Joseph Sandler, Christopher Dare et Alex Holder, *Le Patient et le psychanalyste. Le cadre clinique de la psychanalyse. Le transfert, le contre-transfert et l'alliance de traitement*, Paris, P.U.F., 1975, p. 172.

Les troubles du présent découlent donc des problèmes de la prime enfance. Les dysfonctions ont trois origines : développementale, conflictuelle et traumatique. Elles sont réactivées dans des situations où se rejouent les conflits intrapsychiques et les pulsions internes (plus particulièrement sexuelles). Le monde de la représentation est alors affecté, les mécanismes de défense se solidifient, l'évitement dans les relations ou de toute relation survient, l'adaptation malsaine s'installe, etc. Seule l'amélioration des symptômes peut tenir compte de la résolution de conflits psychiques.

L'approche psychodynamique mise sur du long terme afin de permettre l'établissement du transfert qui, en contexte de relation thérapeutique, est essentiel à la satisfaction des désirs inconscients refoulés.

La psychothérapie dynamique permet d'utiliser les principes de la psychanalyse dans un champ qui s'adapte davantage au milieu médical. « La thérapie analytique ou l'entrevue inspirée de cette approche est davantage indiquée pour les personnes ayant une structure névrotique, c'est-à-dire ayant atteint l'organisation psychique de la phase œdipienne. Il est beaucoup plus ardu de traiter des personnes de structure psychotique de même que des adolescents délinquants et des personnes ayant des troubles de la personnalité[4]. »

Rappelons les cinq buts de la thérapie psychanalytique tels qu'ils ont été résumés par Knight (1941) à partir des conclusions du congrès international de Marienbad (1936) :

- guérison symptomatique, c'est-à-dire liberté relative avec ou diminution significative des peurs, détresses, inhibitions et dysfonctionnements handicapants ;

  mais également,

- production accrue, avec une capacité améliorée d'utiliser ses énergies agressives dans le travail ;
- amélioration de l'entente et du plaisir dans sa vie sexuelle ;
- amélioration des relations interpersonnelles, moins ambivalentes, plus consistantes et loyales ;
- acquisition d'une conscience suffisante pour prendre en main les conflits psychologiques ordinaires et les stress raisonnables de la réalité[5].

Nous vous avons présenté différentes formes d'intervention thérapeutique. Il revient souvent

---

4. Michèle Caron, *Le Professionnel en intervention : Un tuteur sur le parcours des jeunes en difficulté,* Montréal, Éditions Sciences et culture, 2002, p. 229.
5. <http://schizo-espoir.chez-alice.fr/2.Part.INSERM.pdf>

aux personnes-ressources de déterminer la plus appropriée en fonction de votre jeune. Elles ont l'habitude d'intervenir et nous pouvons nous fier à leur jugement.

Il existe des méthodes parallèles pour atténuer l'anxiété d'un adolescent. Ces méthodes sont complémentaires à la thérapie (et non l'inverse). Un jeune en situation précaire ne peut se passer de thérapie, alors qu'il peut se priver de méthodes complémentaires, même si elles sont tout indiquées.

Rappelons que l'anxiété risque de devenir chronique si les eaux vives des événements et leurs réponses ne sont pas apaisées de manière appropriée. Comment, dans toutes les activités personnelles, sociales et intellectuelles des jeunes, les aider à s'octroyer cet espace où ils peuvent lézarder sainement et se faire du bien, où ils peuvent flâner au-delà de la surface tourbillonnante de leurs pensées et à l'extérieur du mode courant de leurs perceptions parfois erronées ?

Le concours du parent est essentiel

Pour enseigner aux adolescents l'art de s'occuper d'eux-mêmes en douceur, il faut l'expérimenter dans notre propre vie. Et s'occuper de soi ne veut pas dire négliger l'autre. Au contraire, ce temps, qui permet de moduler le stress, est la base d'un contact relationnel beaucoup plus solide avec soi-même, les enfants et le conjoint. Lorsqu'on prend le temps de se régénérer, de changer ses habitudes, de laisser de côté (pour un moment) ses obligations pour vaquer oisivement à des activités ludiques, notre moral s'en porte beaucoup mieux. Ainsi reposés, nous sommes plus aptes à nous mesurer aux défis de la vie, à faire des choix appropriés pour nous-même et notre entourage familial et social. Nous montrons l'exemple à nos jeunes au lieu d'enseigner ce qui devrait être fait, mais que nous avons de la difficulté à assumer.

On retrouve différents adolescents : timides, audacieux, frondeurs, agressifs, défensifs, tempérés, curieux, joueurs de tours, solitaires, sociables... Chacun d'eux a son tempérament, son caractère et sa personnalité. Pour aider un jeune à apaiser son anxiété et pour développer son estime personnelle ainsi que son affirmation de soi, il importe d'apprendre à mieux le cerner en l'observant (évidemment, pas à la loupe comme un détective) dans ses diverses façons d'agir et de réagir dans la vie. En connaissant mieux son mode de fonctionnement et ses réactions devant l'adversité, on pourra le guider vers l'atténuation de son anxiété et la réalisation de son plein potentiel, grâce aux outils proposés en accord avec sa personnalité.

« Bien sûr, facile à dire ! », nous rétorquerez-vous. « Pouvons-nous vraiment amener un adolescent en pleine effervescence à se relaxer alors qu'il est en pleine recherche d'un sens à sa vie et qu'il est appelé, de tous bords tous côtés, à la nouveauté et à l'expérimentation ? »

D'emblée, la réponse est non. Nous ne pouvons rien faire qui irait à l'encontre de ses choix et de ses désirs. C'est même préférable. En revanche, rien ne nous empêche de laisser traîner sur un comptoir ou un bureau des dépliants, des livres ou des renseignements sur les diverses formes et techniques de relaxation : yoga, judo, autorelaxation, exercices de respiration, etc. ; et de lui parler, comme si de rien n'était, au cours d'une balade en auto ou autour d'un bon repas, de notre propre expérience dans l'apprentissage d'une technique quelconque.

L'important, devons-nous rappeler, est de prêcher par l'exemple. Un parent qui s'énerve devant son fils pour l'inciter à suivre des cours de relaxation ne rend pas le désir très tentant et irrésistible. Peut-être vous répondra-t-il d'un ton narquois : « Vas-y donc toi-même ! » Évidemment, s'il existe une ouverture, l'espoir n'est jamais bien loin. Et cette ouverture doit d'abord se trouver à l'intérieur de nous. Il ne s'agit pas d'imposer nos vues et nos choix dans la vie de l'adolescent, mais de l'amener, en douceur, à envisager lui-même des pistes de solution à ses problèmes.

Il existe divers modes d'intervention pour apaiser les cœurs anxieux. Nous allons vous en suggérer plusieurs : à vous de déterminer lesquels pourraient être proposés aux adolescents, selon les contextes, les cultures, l'environnement, etc.

Une première étape, avant d'établir un programme d'aide à un jeune, est de vérifier les symptômes qu'il manifeste et ceux que l'on décèle. S'agit-il seulement d'anxiété ou est-elle jumelée à une dépression ? Quels sentiments l'accablent ? Est-il désespéré ? léthargique ? triste ? agité ? inquiet ? irritable ? nerveux ? agressif ? insomniaque ? confus ? désintéressé ? Éprouve-t-il une fatigue mentale et émotive ?

Il est toujours d'une importance capitale de consulter une personne-ressource afin de mieux déterminer la souffrance de l'adolescent. Peut-être a-t-il atteint le stade de la dépression. En fait, il existe divers types de dépression :

1. Réactive (à la suite d'un événement embarrassant, déroutant ou traumatisant) ;
2. Endogène (qui se manifeste spontanément, sans raison apparente) ;
3. Bipolaire ou maniaque (fluctuations d'humeur excessives – alternance excitation-

dépression. Il existe trois types de troubles, selon les classifications officielles DSM-IV: le trouble bipolaire de type I, le trouble bipolaire de type II et la cyclothymie, qui débute souvent à l'adolescence);

4. Saisonnière, soit le trouble affectif saisonnier ou le cafard hivernal (qui se manifeste à l'automne et en hiver, lors de la raréfaction de la lumière du jour);
5. Postnatale (difficulté d'adaptation de la mère après la naissance de son bébé).

De simples méthodes de relaxation ne viendront pas à bout du mal intérieur d'un adolescent aux prises avec une dépression qui le mine de l'intérieur. Une aide extérieure est essentielle et urgente, afin qu'il ne s'enfonce pas dans une impasse où sa seule porte de sortie serait des gestes autodestructeurs. Quand un jeune a perdu ses repères, qu'il se sent impuissant à résoudre ses problèmes et à avancer dans la vie, on évite d'aggraver sa situation en le négligeant ou en relativisant sa condition. Il a besoin de soins MAINTENANT.

N'hésitez pas à l'amener à l'hôpital, où l'on procédera à des évaluations psychologiques et médicales. On pourra ensuite suivre son cas, qu'il s'agisse d'alcoolisme, de drogues, de sexualité à haut risque, de troubles sévères du comportement alimentaire ou de désinsertion sociale.

Techniques de relaxation

« La relaxation est une technique de mobilisation de l'attention dans une direction précise : la détente. C'est donc un travail mental qui n'est pas compatible avec l'endormissement en tant que tel[6]. » Cette action permet de relâcher progressivement le tonus musculaire, réduisant ainsi la tension, l'anxiété et le déséquilibre émotionnel chez une personne. Il faut toutefois se rappeler que l'anxiété peut être positive. « Pensez à une situation que vous attendiez avec beaucoup d'impatience [...] Que vous ayez traité vos sentiments d'alors de stress ou d'excitations nerveuses, de toute manière, ce sont des expressions normales de l'anxiété – et de tels sentiments peuvent vous inciter à vous surpasser[7]. »

Nous vivons toujours assez bien nos anticipations optimistes, même si elles créent une certaine forme de tension en nous. Par contre, les négatives peuvent entraîner une panoplie de symptômes psychiques et physiques. Combien de

---

6. <http://www.sommeil-mg.net/spip/Techniques-de-relaxation>
7. Gloria Thomas, *L'Anxiété : les meilleurs outils pour vaincre l'anxiété et les phobies*, traduit par Denis Dewez, [Boisbriand], Éditions Pratiko, 2004, p. 4.

jeunes se retrouvent avec une santé fragilisée en raison de problèmes liés à l'anxiété ? Se relaxer n'est alors pas un luxe.

« Toutes les techniques de relaxation visent le même but : réduire le nombre des stimuli qui parviennent au cerveau. Il en résulte un ralentissement du rythme cardiaque et de la respiration, une diminution du besoin en oxygène et une réduction de la tension musculaire. Tous ces éléments conjugués produisent un sentiment de détente par tout le corps[8]. »

Des différentes techniques que nous vous présenterons, la première possède un nom particulier : la crise de calme. Évidemment, le nom évoque le contraire, la crise de nerfs. Le Dr Charly Cungi, un psychiatre spécialisé dans les thérapies comportementales et cognitives à Rumilly, en Haute-Savoie, a développé cette technique ; selon lui, elle permettrait, en quelques secondes à peine, de retrouver un certain équilibre, par la réduction volontaire de la tension nerveuse.

C'est une méthode de relaxation, en trois temps, de tout l'organisme à partir d'un profond « soupir » :

---

8. Peter Desberg, *Pour en finir avec le trac*, Montréal, Les Éditions de l'Homme, 1998, p. 34.

1er : Inspiration ample et profonde ;

2e : Un effort pour gagner un peu d'air, mais sans bloquer la respiration (la gorge doit rester ouverte) ;

3e : Relâchement total des muscles respiratoires, de manière à laisser l'air s'évacuer grâce à la force de l'élasticité naturelle du thorax.

Toute la difficulté (et l'efficacité) repose sur le fait d'arriver à ne pas du tout contrôler le flux de l'air au cours de l'expiration passive.

« N.B. : Il est important d'arriver à rester passif au cours de l'expiration. Il ne faut ni pousser, ni retenir le mouvement provoqué par l'élasticité naturelle du soufflet respiratoire[9]. »

L'entraînement autogène est une méthode de relaxation (par autodécontraction concentrative) qui a connu un grand essor dans les années 1970, autant chez les médecins que chez les psychologues, en raison de sa très grande efficacité à gérer le stress et à induire un état profond de détente. Le médecin psychiatre et psychologue allemand Johannes Heinrich Schultz l'a conçue.

---

9. <http://www.sommeil-mg.net/spip/Techniques-de-relaxation#Calme>

UN PROCESSUS EN 5 OU 6 SÉQUENCES

Voici les suggestions habituellement faites par les praticiens, dans le cadre des séances :

1. En partant de la tête jusqu'aux pieds, visualisez mentalement tous vos muscles en train de se détendre, visualisez l'impression de lourdeur, de pesanteur de la partie du corps sur laquelle vous vous concentrez.
2. Toujours de la tête vers les pieds, visualisez mentalement une impression de chaleur douce et agréable, liée à l'augmentation de la circulation sanguine vasculaire dans la partie en cours.
3. Concentrez-vous cette fois sur vos organes internes, estomac, intestins... essayez d'étendre la sensation de chaleur, de détente à ceux-ci.
4. Toujours par la visualisation, prenez conscience de votre rythme cardiaque, sans chercher à ce que votre cœur batte plus lentement que d'habitude.
5. Ensuite, concentrez-vous sur votre respiration jusqu'à atteindre une respiration ample et lente.
6. Selon la méthode originelle du docteur Schultz, il existe une dernière étape qui consiste à refroidir le front et la tête. Cette étape doit être abordée avec prudence, car elle peut provoquer des migraines[10].

---

10. <fr.wikipedia.org/wiki/Training_autog% C3% A8ne#Un_processus_en_5_ou_6_s.C3.A9quences>

La technique de relaxation progressive d'Edmund Jacobson s'inscrit dans le même courant que celle de Schultz ; par contre, elle cherche à s'éloigner de l'autohypnose ou de la suggestion. Selon Jacobson, l'anxiété s'accompagne toujours d'une contraction des muscles. En relâchant les muscles, elle produirait nécessairement une réduction de la tension ; et c'est en effectuant volontairement cette forme de relaxation qu'une personne parviendrait à avoir un ascendant sur son corps et sur ses lieux de tension.

RELAXATION PROGRESSIVE

Choisissez une pièce calme, libre de toute intrusion et d'appels téléphoniques.

I. Couchez-vous sur le dos, les bras sur le côté, et laissez vos yeux ouverts pendant 3 ou 4 minutes.

II. Fermez ensuite graduellement les yeux, gardez-les fermés pendant l'heure de détente.

III. Après 3 ou 4 minutes les yeux fermés, relevez votre main vers l'arrière en la tendant, et observez la sensation de tension pendant 1 ou 2 minutes, en remarquant bien comme elle diffère dans le poignet, dans les doigts et dans l'avant-bras.

IV. Ne faites rien pendant 3 ou 4 minutes, à nouveau.

V. Vous relevez à nouveau la main, comme précédemment, pendant 1 ou 2 minutes.

VI. Encore une fois, vous ne faites rien pendant 3 ou 4 minutes.

VII. Vous relevez à nouveau votre main pour la troisième et dernière fois, en observant la sensation de tension pendant 1 ou 2 minutes.

VIII. Finalement, vous ne faites plus rien jusqu'à la fin de l'heure[11].

Dans son petit livre, *Vaincre l'anxiété*[12], Joëlle Romain propose plusieurs techniques afin de gérer l'anxiété et d'acquérir la maîtrise de soi. Sur le plan physique, elle suggère : la relaxation, l'entraînement autogène, le yoga, le massage, la respiration profonde, l'expression corporelle, le sommeil réparateur, le régime alimentaire, etc. Sur le plan mental, elle conseille : la méditation, la modification des images intérieures, le positivisme, etc.

L'important est d'offrir au jeune une approche qui convient à son tempérament. La relaxation progressive de Jacobson, les arts martiaux, la

11. Edmund Jacobson, *La relaxation progressive*, traduction de *Progressive muscle relaxation* (Chicago, University of Chicago Press, 1938), 1939.
12. Joëlle Romain, *Vaincre l'anxiété*, Paris, Les Presses du management, coll. Plaquettes Turbo, 1992.

visualisation, la marche dans la nature, une visite chez un groupe de jeunes (par exemple, à la Maison des Jeunes), sont autant de moyens en vue d'apaiser l'adolescent anxieux. Une psychothérapie, en recours complémentaire ou ultime, pourrait même l'aider à voir plus clair dans sa vie intérieure et atténuer sa tension nerveuse, souvent liée à des émotions refoulées, des non-dits et des situations non réglées. Dans des cas graves de troubles d'anxiété, certains médecins opteront pour la prise de tranquillisants ou d'anxiolytiques comme soutiens temporaires durant la crise et, parfois, ils iront jusqu'à suggérer un séjour temporaire en milieu hospitalier. Ces moyens sont essentiels lorsque le jeune est en grand déséquilibre.

Par ailleurs, si on favorise l'émergence d'un talent chez l'adolescent et qu'on soutient son élan créateur et artistique, on lui permet de développer graduellement des réponses adaptées, appropriées aux changements, tout en conquérant peu à peu une force intérieure.

L'alimentation

Pratiquer une méthode de relaxation est important. Il en existe plusieurs. Nous vous avons présenté les plus utilisées dans les milieux de la santé. Vous conviendrez qu'une relaxation s'effectue difficilement si le jeune se nourrit de pizzas pochettes, avale des boissons gazeuses et s'alimente à des heures irrégulières. Son système nerveux répond alors plus mal à la commande de relaxation. L'alimentation joue un rôle primordial dans l'escalade de l'anxiété chez un jeune. La malbouffe doit sortir des écoles, des veines et de l'habitude. Sur le plan nutritif, si des aliments possèdent des propriétés excitantes en plus d'être pauvres en fibres, en oligoéléments et en vitamines, par contre, d'autres possèdent des propriétés calmantes permettant à la sérotonine (neurotransmetteur) de régulariser le sommeil qui, bien souvent, est perturbé durant cette phase déstabilisante. Une carence de sommeil peut conduire à des troubles de l'humeur, de l'irritabilité, la dépression, etc.

Pour atteindre le sommeil et bien dormir

Prendre un repas du soir riche en glucides.

Privilégier le lactosérum et les graines de citrouille.

Éviter la consommation de caféine le soir.

Pour profiter d'un sommeil réparateur

Éviter les repas copieux, épicés et tardifs.

Diminuer la consommation d'alcool.

Augmenter l'apport en oméga-3.

Déceler les carences en nutriments.

En contrepartie, on évite certains aliments qui surexcitent, tels que : boissons gazeuses, café, thé, alcool et sucreries.

Petit truc de mères : préparez toujours un plat de légumes crus et des sauces santé (trempettes) dans un plat attirant. Dès le retour de l'école, vos jeunes auront une tendance - beaucoup plus naturelle qu'on le croit - à se diriger vers les légumes fraîchement coupés et préparés. L'habitude s'ancrera en eux ; peu à peu, ils auront l'habitude de savourer des aliments gorgés de vitamines. Les fruits au déjeuner, bien préparés, sont également attrayants puisqu'ils sont remplis de couleurs et de vie. Ne sous-estimez pas les adolescents. Ils ont aussi de bons réflexes, ils sont parfois juste un peu rouillés dans leurs automatismes.

Un bon sommeil réparateur

« Pour favoriser le sommeil, il est judicieux de changer quelques habitudes alimentaires. Chacune de ces recommandations peut contribuer à lutter contre l'insomnie[13]. »

Maintenant, rappelons que le sommeil d'un jeune anxieux est crucial en vue de refaire le plein d'énergie. Nous avons tous besoin de sommeil et,

---

13. http://www.paperblog.fr/1838509/l-insomnie-et-alimentation/

à l'adolescence, en raison de la croissance rapide et de tous les enjeux liés au passage de la puberté, le jeune a encore plus besoin de nuits réparatrices. Une nuit, cela se prépare, mais les jeunes sont-ils prêts à aller au lit après leurs devoirs ? Pas vraiment. Ils ont parfois encore une bonne réserve d'énergie ; d'autres fois, ils dépassent les limites. Il est facile de reconnaître un adolescent en déficit de sommeil à la pâleur de son visage, à ses difficultés à se réveiller (ce qui peut occasionner de l'absentéisme ou un retard à l'école), dans la journée, à ses bâillements aux corneilles et à sa difficulté à se concentrer. Il s'endort souvent sur son pupitre à l'école, ses résultats scolaires sont à la baisse, il est plus irritable et impatient, il devient plus agressif, etc. Bien sûr, on peut aussi lier ces symptômes à d'autres problématiques, mais ils sont légion dans le manque de sommeil chez une personne.

Puisque la nuit est le moment de récupération et le lieu où s'élabore le rêve – si important à regarder, le matin au petit déjeuner (habitude qui en aidera plus d'un à découvrir la part inconsciente de leurs troubles de jour) –, aménageons la chambre du jeune de manière à ce qu'elle l'invite au sommeil dès qu'il retrouve son lit. Bon, on s'entend que les chambres des ados ne sont pas synonymes de rangement parfait ; loin de là. Et nous ne pouvons pas dire à l'ado de faire le ménage de sa chambre chaque jour. Par contre, pourquoi ne pas lui dire qu'un petit cinq minutes (pas plus) de ménage quotidien influencerait en bien la qualité de son sommeil ? Évitez de laisser une télévision ou un ordinateur dans sa chambre. Donnez une place différente à ces objets très intéressants et captivants pour des adolescents. Surtout, pas de films d'horreur, de violence ou de meurtres avant les dodos. Le jeune transpose ces images dans le sommeil et il y a fort à parier qu'il sera encore plus fatigué qu'au coucher, le lendemain au réveil.

La télévision a ce mauvais côté de confiner l'enfant dans un registre passif. Il se laisse captiver, gobe, mais n'agit aucunement. La forte consommation de stimuli visuels sollicite ses émotions, sans qu'il puisse les extérioriser autrement qu'assis au bout de sa chaise, respirant à peine du haut de ses poumons, et transportant les images reçues (bien souvent de violence) dans le monde de ses rêves. La plupart du temps, son inconscient les transforme en cauchemars ou en rêves agités.

On doit renoncer au chocolat, au café, au thé, aux boissons gazeuses et aux repas épicés et gras après 19 h, afin de permettre au corps de digérer et plus tard, dans la nuit, d'entreprendre son cycle de purification. Attention aussi à l'exercice physique intense qui surexciterait le corps et l'empêcherait de parvenir à un endormissement facile.

Les rêves sont importants. Prêtons une attention particulière à ceux des jeunes, particulièrement les récurrents. « Chaque rêve nous montre une image de ce passé toujours présent. En effet, il met en scène nos scénarios et nous les projette sur un écran intérieur. Il nous montre le monde que nous nous sommes créé et dans lequel nous continuons à vivre. Il nous révèle le passé dans la mesure où ce passé se joue et se rejoue sans cesse et sans cesse et donne sa couleur à notre vie[14]. »

Il importe, au-delà de tout, d'instaurer autour de l'adolescent des ressources, des techniques, des réseaux qui lui permettront d'éveiller ses forces intérieures, ses responsabilités afin d'avancer dans la vie dans l'harmonie et la constance. Plusieurs autres moyens et techniques existent, bien sûr. Nous vous conseillons de vous adresser au CLSC de votre quartier, ou à des intervenants psychosociaux qui vous aideront à mieux passer cette période plus trouble de l'adolescence.

---

14. Collectif L'Arc-en-ciel, *Et si les rêves servaient à nous éveiller... : Vos rêves vous captivent ?*, Outremont, Éditions Quebecor, 2004, p. 138.

9

Aimer son adolescent

« Vos enfants ne sont pas vos enfants. Ils sont les fils et les filles de la Vie qui se fait appel à elle-même. Ils passent à travers vous, mais ils ne sont pas de vous. Et bien qu'ils soient près de vous, ils ne vous appartiennent pas[1].

KHALIL GIBRAN

Afin de bien conclure, il nous a semblé nécessaire d'inclure un chapitre sur l'amour... L'amour envers nos enfants, nos adolescents... L'amour dans toute sa générosité et son ouverture.

Amour, *amore*, *amor*, *liefde*, *liebe*, *love*, αγάπη... Le mot « amour », dans sa pureté, est le plus important message que nous gravons dans les cellules, le cœur et l'âme de nos adolescents.

1. Khalil Gibran, *Le Prophète*, 1923.

Évidemment, nous sommes des êtres humains prompts à l'erreur, nantis de nos souffrances, de nos manquements, de nos erreurs, de nos folies et de nos illusions. De ce fait, nous sommes enclins à vivre le « deuxième » amour, conditionnel, aléatoire, hasardeux et incertain. D'où l'importance de demeurer vigilant, de soigner nos blessures et d'apprendre graduellement à aimer de manière authentique et saine.

Le véritable amour est LA base de tout lien relationnel fort. Sans lui, toute action envers l'enfant et le jeune est vouée à le détourner de sa confiance et de son estime personnelle en plein développement.

Répondez-vous à ses besoins ? Êtes-vous à l'écoute de ce que votre adolescent vous dit et ne vous dit pas ? Prenez-vous du temps de QUALITÉ avec lui ? Respectez-vous son identité, son caractère, son rythme ? A-t-il des règles de conduite ? Les honorez-vous dans votre propre vie ? Votre discipline est-elle dosée ? Quelle est l'attitude que vous avez adoptée qui parle plus fort que vos paroles ? Votre confiance est-elle offerte librement, sans condition ? Lui laissez-vous la liberté d'être ce qu'il est et ce qu'il veut devenir ? Les questions sont nombreuses...

Le psychologue, enseignant et chercheur René Zazzo insiste sur le fait « qu'un même milieu ne produit jamais les mêmes individus[2] ». Le parent qui s'efforce de voir tous ses enfants égaux sur le plan comportemental, affectif, intellectuel et social est dans l'erreur. Si, de plus, un adulte responsable décide de rendre son enfant à son image et à sa ressemblance, il exercera sur lui une telle pression qu'il le fera dévier de sa route. L'enfant ne pourra plus s'affirmer dans ce qu'il est et dans la vision de son devenir, car il endossera celle que le parent a tracée pour lui. Comment un enfant peut-il grandir dans la confiance quand son propre destin est détourné vers les ambitions de ses parents ?

Tous les jeunes ont besoin de notre regard, de nos encouragements. Si un enfant est élevé comme un individu à part entière et qu'il se sent compris et aimé, vous pouvez être assuré d'avoir bien rempli votre rôle. Ensemble, vous pourrez traverser les tempêtes et accomplir les gestes appropriés dans des situations importantes de vie.

Aimer son jeune ne veut pas dire d'accepter toutes ses bévues, de même que ses comportements nocifs. *Malgré* ses bévues et ses comportements nuisibles, *malgré* nos impatiences et nos incertitudes à son égard, nous l'aimerons toujours, si

---

2. Gilles Marchand, « René Zazzo : pour une individuation psychologique », *Sciences Humaines*, trimestriel, n° 45, juin-août 2004, p. 11.

notre amour est véritable. C'est essentiel au départ. Un amour qui fluctue au gré des événements et qui n'est pas enraciné dans la terre ferme de l'immuabilité risque de compromettre le développement psychologique de l'enfant ; il ou elle ne connaîtra jamais avec certitude vos réels sentiments à son endroit.

Toute altercation avec un jeune – non placée sous le signe du respect et de l'amour – le conduira à renforcer l'idée que fondamentalement il n'est pas aimé, alors que l'être qui se sait aimé sans condition agira différemment. Il pourra ne pas aimer ses parents, l'espace d'un temps, mais il y reviendra dès l'orage terminé, car il sait leur amour inconditionnel, malgré l'incartade, la colère ou la déception. Cette solidité affective le conduira à développer une grande maturité dans ses relations à venir. L'amour que l'on porte à un enfant ne doit pas être un échange, un troc affectif. Un jour, excédé, il n'aura plus qu'une seule envie : partir, parce que la dette envers ses parents est trop lourde pour ses épaules.

Aucun parent n'est parfait. Aucun. C'est tranquillement, en ouvrant nos yeux sur nos façons erronées de donner notre amour, que nous pourrons agir sur elles et les modifier. En développant la persévérance de l'enfant, nous le dotons d'un autre merveilleux outil pour développer sa confiance en lui. Notre fierté lui montre notre appréciation en l'aidant à approfondir son estime personnelle.

Développer la persévérance demande aussi le discernement. Si vous achetez un violon à votre enfant qui en fait une demande incessante, et qu'au bout de deux semaines de pratique, il délaisse l'instrument au profit d'un autre désir (comme des patins à roues alignées), vous devez intervenir et lui faire comprendre son dispersement. Évitons d'en faire un enfant-roi constamment insatisfait, qui n'ira jamais au bout de ses rêves et de ses ambitions, attendant tout de la vie comme sur un plateau d'argent.

Toutefois, il ne s'agit pas non plus de devenir intransigeant. Vous devez d'abord lui demander *pourquoi,* soudainement, il ne désire plus jouer du violon. Pourquoi éprouve-t-il une démotivation si subite ? S'agit-il d'une crise passagère ? De sons grincheux qui l'emmerdent ? D'un différend avec son professeur de musique ? D'une constatation que le violon n'est pas son instrument de prédilection ? D'un amour de la musique que vous essayez de passer à votre enfant contre sa volonté et auquel il réagit ? D'une situation plus complexe sous-jacente ? Restez à l'affût. Mais laissez-le libre. Sa créativité, si importante, en dépend.

Il ne faut jamais éteindre l'étincelle qui surgit dans l'imaginaire des jeunes. Par exemple, si un jeune travaille avec persévérance et vous présente un projet (une maquette, une toile, un poème, etc.) que vous trouvez terrible selon votre goût personnel, pourquoi dénigrer son effort en faisant des grimaces et en apportant des commentaires dépréciateurs ? Il importe d'estimer son œuvre au-delà de la forme. Il vous l'offre avec tant de bonheur et de joie au cœur. Éteindre l'étincelle dans les yeux d'un enfant, demeure un manque d'amour dirigé contre lui et contre vous-même. Réjouissez-vous de ses petits efforts et de ses avancements. Réjouissez-vous de son succès et évitez cette indifférence qui tue sa flamme intérieure.

L'amour, l'appréciation, les démonstrations d'amour, les félicitations, c'est surtout et avant tout accorder de l'attention à son enfant, lui offrir de notre temps. Notre manière de le considérer lui permettra de développer ses compétences qui, en retour, produiront un accroissement de ses forces intérieures. Le rôle des parents, des éducateurs et des personnes responsables est de mettre en relief leurs passions (non les nôtres), de les éloigner des divertissements trop passifs qui inhibent leur créativité et de les encourager, par nos mots confiants, à clarifier et à approfondir leur évaluation personnelle d'eux-mêmes. Certes, les échecs font partie du parcours de vie. Néanmoins, ils ne doivent pas être motifs à dévalorisation, mais plutôt, à apprendre des erreurs pour mieux embrasser la vie.

SI JE POUVAIS RECOMMENCER À ÉLEVER MON ENFANT...

Je me salirais davantage les doigts et
je montrerais moins souvent du doigt.
Je privilégierais moins la correction
et plus la communication.
Je quitterais ma montre des yeux et
je me servirais davantage de mes yeux pour voir.
Je me contenterais d'en savoir moins
et je saurais chérir davantage.
Je ferais plus d'excursions et
je ferais voler plus de cerfs-volants.
Je cesserais de me prendre au sérieux
et je jouerais plus sérieusement.
Je courrais à travers plus de champs
et j'observerais plus d'étoiles.
Je ferais plus d'étreintes et j'aurais moins
de tiraillements.
Je serais inébranlable moins souvent
et je soutiendrais davantage.
Je bâtirais d'abord l'estime de soi,
et la maison plus tard.
Je témoignerais moins de l'amour du pouvoir,
et davantage du pouvoir de l'amour.

Diane Looman

Bibliographie

En plus des bouquins de notre bibliographie détaillée que nous avons consultés, nous suggérons aux parents et intervenants des milieux de la santé des livres intéressants sur les adolescents et l'anxiété :

la collection Parents aujourd'hui des Éditions de l'Homme ;

les collections Parents et Estime de Soi, publiées aux Éditions de l'hôpital Sainte-Justine ;

Michèle Sébal, *Comprendre l'adolescence pour en gérer les crises*, Paris, Éditions Vuibert, 2003, 188 p. ;

Henning Köhler *La Jeunesse déchirée : Psychologie de la puberté à l'usage des parents et des éducateurs*, Montesson, Éditions Novalis, 1996, 320 p. ;

et finalement, pour les plus courageux :

Sigmund Freud, *Inhibition, symptôme et angoisse*, Paris, P.U.F., 1968.

Pour les adolescents, voici d'autres suggestions :

Marie Bertherat, *Comment bien vivre avec son corps*, Paris, Albin Michel Jeunesse, coll. Comment Survivre, 140 p. ;

Kéthévane Davrichewy, *Tout ira bien*, Paris, Éditions Arléa, 2004, 96 p. ;

Brigitte Jalbert et Marilou Brousseau, *A.D.O. Guide pratique pour les jeunes*, Saint-Léonard (QC), TheoDone Éditeur, coll. Jeunesse, 2006, 244 p. ;

Michel Piquemal, *Ado blues. Doutes, craintes et idées noires, comment passer la crise ?*, illustrations du Colonel Moutarde, Paris, Éditions POCKET jeunesse, coll. Les guides, 2005, 154 p. ;

Sylvie Sargueil, *Maux d'ados*, illustrations de Princess H, Paris, Éditions de la Martinière, 2003, 223 p.

Bibliographie détaillée

American Psychiatric Association, DSM-IV, *Manuel diagnostique et statistique des troubles mentaux*, traduction de *Diagnostic and statistical manual of mental disorders* (Washington), Paris, Masson, 1996, 1056 p.

Braconnier, Alain, *Petit ou grand anxieux ?*, Paris, Éditions Odile Jacob, 2002, 250 p.

Bradley, Michael J., *Mon ado me rend fou ! : Comment aimer vos enfants sans perdre la raison*, Montréal, Les Éditions de l'Homme, 2004, 360 p.

Caron, Michèle, *Le Professionnel en intervention : Un tuteur sur le parcours des jeunes en difficulté*, Montréal, Éditions Sciences et culture, 2002, 350 p.

Clerget, Stéphane, *Adolescents : la crise nécessaire*, Paris, Fayard, 2000, 339 p.

Cloutier, Richard, *Psychologie de l'adolescence*, Montréal, Gaëtan Morin éditeur, 1996

(Chicoutimi, Gaëtan Morin éditeur, 1982), 321 p.

Cloutier, Richard, Pierre Gosselin et Pierre Tap, *Psychologie de l'enfant*, 2e édition, Montréal, Gaëtan Morin éditeur, 2005 (Chicoutimi, Gaëtan Morin éditeur, 1985), 557 p.

Colin, Christine (dir.), *Une juste place pour tous les enfants : Plaidoyer pour l'action*, textes de Luc Blanchet [*et al.*], Montréal, Éditions de l'Hôpital Sainte-Justine, collection Intervenir, 2004, 205 p.

Collectif, *Grand Dictionnaire de la psychologie*, Paris, Larousse, coll. Grands dictionnaires, 2002, 1062 p.

Collectif L'Arc-en-ciel, *Et si les rêves servaient à nous éveiller... : Vos rêves vous captivent ?*, Outremont, Éditions Quebecor, 2004, 236 p.

Coslin, Pierre G., *Psychologie de l'adolescent*, 3e édition, Paris, Armand Colin, coll. Cursus Psychologie, 2010 (2002), 255 p.

Cyrulnik, Boris, *Un merveilleux malheur*, Paris, Éditions Odile Jacob, coll. Psychologie et Bien-être, 2002 (1999), 224 p.

Dumas, Jean, *L'Enfant anxieux : Comprendre la peur de la peur et redonner courage,* préface de Boris Cyrulnik, Bruxelles, De Boeck, coll. Comprendre, 2005, 217 p.

Falardeau, Guy, avec la collaboration d'Alain Caron, *L'Enfant impulsif*, Montréal, Les Éditions de l'Homme, 2006, 166 p.

Ford, Judy, *Les Merveilleuses Façons d'aimer son ado*, Montréal, Modus Vivendi, 1996, 192 p.

Forward, Susan, *Parents toxiques: Comment échapper à leur emprise*, en collaboration avec Craig Buck, préface de Danielle Rapoport, traduit par Isabelle Morel, Paris, Marabout, 2000 (1991), 317 p. Titre anglais: *Toxic parents: Overcoming their hurtful legacy and reclaiming your life.*

Foucault, Pierre, *Surveiller son enfant: Une porte ouverte sur l'attachement*, Outremont, Éditions Logiques, 2006, 270 p.

Fréchette, Marcel et Marc Le Blanc, *Délinquances et délinquants*, Chicoutimi, Gaëtan Morin éditeur, 1987, 384 p.

Gibran, Khalil, *Le Prophète*, [Paris, Albin Michel], 1991 (1923).

Gordon, Thomas, *Parents efficaces: Une autre écoute de l'enfant*, traduction de *Parent effectiveness training: The proven program for raising responsible children* par Jean Roy et Jacques Lalanne, Paris, Marabout, coll. Savoir pratique, 1981, 352 p.

Gourdol, Jean-Pierre, « Renforcer l'estime de soi des jeunes », Rhône Écho santé (lettre trimestrielle de l'Association départementale d'éducation pour la santé 69), dossier spécial, n° 35, octobre 2007, p. 2-9.

Hirigoyen, Marie-France, *Les Nouvelles Solitudes,* Paris, Éditions La Découverte, 2007, 212 p.

Jacobson, Edmund, *La Relaxation progressive*, traduction de *Progressive muscle relaxation* (Chicago, University of Chicago Press, 1938, 144 p.), 1939,

Lassonde, Lucie et Réjean Fontaine, *Mieux comprendre son anxiété et celle de ses proches*, Saint-Hyacinthe, Éditions JML, 1986, 181 p.

Le Blanc, Marc, « La Délinquance chez les jeunes... un problème sérieux », *Virage*, vol. 1, n° 4, été 1996 [source : RND, n° 7, juillet-août 1996] ; <http://www.acsm-ca.qc.ca/virage/enfance-jeunesse-famille/la-delinquance.html>

Lievegoed, Bernard, *Phases de l'enfance*, traduction de *Phases of childhood* (Floris, 1987), Chatou, Les Trois Arches, 1993, 209 p.

Marchand, André et Andrée Letarte, *La Peur d'avoir peur : Guide de traitement du trouble panique avec agoraphobie*, 3e édition revue et corrigée, Montréal, Les Éditions internationales Alain Stanké, 2004, 214 p.

Marchand, Gilles, « René Zazzo : Pour une individuation psychologique », *Sciences Humaines*, trimestriel, n° 45, juin-août 2004, p. 11.

Noël, Louise, *Je m'attache, nous nous attachons : Le lien entre un enfant et ses parents*, Montréal, Éditions Sciences et culture, 2003, 276 p.

Olds, Sally Wendkos et Diane E. Papalia, *Psychologie du développement humain*, adaptation dirigée par Annick Bève, 6e édition, Laval, Beauchemin, 2005, 399 p.

Puskas, Daniel, *Amours clouées : Répétition transgénérationnelle et fonction paternelle*, Montréal, Éditions Sciences et culture, 2002, 192 p.

Romain, Joëlle, *Vaincre l'anxiété*, Paris, Les Presses du management, coll. Plaquettes Turbo, 1992.

Sandler, Joseph, Christopher Dare et Alex Holder, *Le Patient et le psychanalyste. Le cadre clinique de la psychanalyse. Le transfert, le contre-transfert et l'alliance de traitement*, traduction de *The patient and the analyst. The basis of the psychoanalytic process* (New York, International Universities Press, 1973, 150 p.), Paris, P.U.F., 1975, 184 p.

Sarrasin, Nicolas, *Petit traité antidéprime : 4 saisons dans le bonheur*, Montréal, Les Éditions de l'Homme, 2005, 364 p.

Selye, Hans, *Stress sans détresse,* Montréal, Éditions La Presse, 1974, 175 p.

Steinberg, Laurence, *Adolescence,* 6e édition, Toronto, McGraw-Hill Humanities / Social Sciences / Languages, 2005, 624 p.

Thomas, Gloria, *L'Anxiété : les meilleurs outils pour vaincre l'anxiété et les phobies*, traduit par Denis Dewez, Boisbriand, Éditions Pratiko, 2004, 284 p.

Winnicott, Donald Woods, *L'Enfant et sa famille*, traduction de *The child, the family, and the outside world* (Middlesex, 1973, 235 p.) par Annette Stronck-Robert, Paris, Payot, coll. Petite bibliothèque Payot, 2002, 235 p.

Zonabend, Agnès, *Les Enfants du divorce : Comment réagir en tant que parent ?*, Levallois-Perret (Hauts-de-Seine), Éditions Studyparents, collection Éclairages, 2006, 182 p.

ANNEXE

Ressources au Québec

CENTRE LOCAL DE SERVICES COMMUNAUTAIRES (CLSC) (DE VOTRE QUARTIER)

Fondation des maladies mentales
Montréal : 514 529-5354
Extérieur (sans frais) : 1-888-529-5354
www.fondationdesmaladiesmentales.org

Jeunesse, J'écoute
Montréal : 514 273-7007
Extérieur (sans frais) : 1-800-668-6868
www.jeunesse.sympatico.ca

REVIVRE

Association québécoise de soutien aux personnes souffrant de troubles anxieux, dépressifs ou bipolaires
Montréal : 514 529-3081(poste 3)
www.revivre.org

Suicide Action Montréal
Montréal : 514 723-4000
Extérieur (sans frais) : 1-866-APPELLE
(1-866-277-3553)

Tel Jeunes
Montréal : 514 288-2266
Extérieur (sans frais) : 1-800-263-2266
www.teljeunes.com

ANNEXE

Ressources en Europe

Voici l'adresse électronique qui regroupe l'annuaire des Points Accueil Écoute Jeunes en Europe au 1er juin 2010. Pour les consulter : www.solidarite.gouv.fr/IMG/pdf/Annuaire_PAEJ_24_juin_2010.pdf

Sites internet en Europe

EN SUISSE

www.ciao.ch
Site d'information pour les adolescents. Possibilité de poser des questions de façon anonyme, répondues dans les 3 jours

www.stopsuicide.ch
L'Association Stop Suicide s'engage pour la prévention du suicide des jeunes dans la région romande. Combattant le tabou du suicide, elle met en place des programmes destinés aux jeunes et au grand public, visant à les équiper pour faire face au suicide

www.ipsilon.ch
Initiative pour la prévention du suicide en Suisse. Numéros d'aide par canton

www.prevention.ch
Site genevois dédié à la prévention, à la promotion de la santé et à la santé publique suisse. Liens sur différentes associations et institutions de prévention

À L'ÉTRANGER

www.iasp.info
International Association for Suicide Prevention.

www.befrienders.org
International
Répertoire d'aides dans 40 pays du monde en cas de suicide ou de situations de crise.

www.preventionsuicide.be
Belgique
Prévention du suicide

www.infosuicide.org
France Informations sur le suicide et numéros d'aide en France

Fil Santé Jeune – 0800 235 236
France
Numéro gratuit et anonyme, 24 h/24

Suicide écoute – +33 1 45 39 40 00
France
24 h/24

La Main tendue : Appel national au : **143** Abus sexuel, maltraitance. Jour et nuit quelqu'un à qui parler dans l'anonymat : « Nous apportons ici un message d'espoir, de réconfort et de soutien pour tous ceux qui se sentent concernés par l'abus sexuel ».
http://www.lamaintendue.net
(site en français, allemand et italien)

SOS Suicide Phénix **01.40.44.46.45**
(numéro national) –
www.sos-suicide-phenix.org ;

Recherche et Rencontres :
www.recherche-rencontres.org ;
La Porte Ouverte 0803.33.33.11 : en plus d'une écoute téléphonique, ces trois services accueillent dans leurs locaux les personnes ayant besoin de rencontrer un professionnel

2002 AUTRE N° D'ÉCOUTE ET D'AIDE

SOS Amitié **01.40.09.15.22**
(numéro parisien, mais également dans une quarantaine de villes) : 24 h/24, 2 000 écoutants bénévoles ayant bénéficié d'une formation répondent à quelque 600 000 appels par an.

Aussi sur Internet : **www.sos-amitie.com**

Fil Santé Jeunes **0800.235.236** : appels gratuits tous les jours de 8 heures à minuit ; 30 écoutants professionnels (médecins ou psychologues) sous la tutelle du Ministère de l'emploi et de la solidarité et de l'Association école des parents.

Sur Internet : **www.filsantejeune.com**
Association SEPIA **0800.88.14.34** : un numéro gratuit pour les jeunes qui « vont mal » et un site **www.sepia.asso.fr**

Mais aussi, à Paris, 24 h/24, 7 jours/7 :
SOS dépression **01.40.47.95.95**
http://sos.depression.free.fr

Suicide Écoute **01.45.39.40.00**
http://suicide.ecoute.free.fr

SOS Chrétiens à l'écoute **01.45.35.55.56**
Croix-Rouge Écoute **0800.85.88.58**
www.croix-rouge.fr

Urgences Psychiatrie **01.40.47.04.47**
(Déplacement de psychiatres à domicile en situation de crise, sur Paris et la proche banlieue)

Inter-Service-Parents : **01 44 93 44 93**

Pour communiquer avec les auteures,
vous pouvez les rejoindre aux adresses
électroniques suivantes :

edith.bertrand111@gmail.com
mariloubrousseau@gmail.com

RECYCLÉ
Papier fait à partir de matériaux recyclés
FSC® C021757

MARQUIS
Marquis imprimeur inc.
Québec, Canada
2011

Imprimé sur du papier Silva Enviro 100% postconsommation traité sans chlore, accrédité Éco-Logo et fait à partir de biogaz.